POLIAMOR

visão jurídica e filosófica sobre as uniões simultâneas e poliafetivas

Prezado leitor.

Quando este livro foi publicado, o julgamento do Recurso Extraordinário n. 1045273 encontrava-se suspenso, em razão do pedido de vista do ministro Dias Toffoli.

No Recurso Extraordinário n. 1045273, o Supremo Tribunal Federal analisava a possibilidade de uma relação de longa duração, paralela a um casamento preexistente, gerar efeitos previdenciários, com o consequente rateio da pensão por morte entre a esposa e o companheiro do falecido.

Em 14/12/2020, o julgamento foi concluído, e o STF, por seis votos a cinco, negou o reconhecimento jurídico das uniões simultâneas, e fixou a seguinte tese: "A preexistência de casamento ou de união estável de um dos conviventes, ressalvada a exceção do artigo 1.723, parágrafo 1º, do Código Civil, impede o reconhecimento de novo vínculo referente ao mesmo período, inclusive para fins previdenciários, em virtude da consagração do dever de fidelidade e da monogamia pelo ordenamento jurídico-constitucional brasileiro". (BRASIL, 2020)

Os ministros Alexandre de Moraes (Relator), Ricardo Lewandowski, Gilmar Mendes, Dias Toffoli, Luiz Fux e Nunes Marques, negaram provimento ao Rext e não reconheceram direitos a união estável simultânea ao casamento (BRASIL, 2019)

Já os ministros Edson Fachin, Roberto Barroso, Rosa Weber, Cármen Lúcia Antunes Rocha e Marco Aurélio Mello, deram provimento ao recurso, decidindo pelo reconhecimento de direito a união estável paralela ao casamento, pois estava presente o requisito da boa-fé objetiva, consistente no consentimento manifestado pela esposa do falecido sobre a existência de uma união simultânea ao matrimônio. (BRASIL, 2019).

Muito embora o Supremo Tribunal Federal tenha entendido que a preexistência de casamento ou de união estável impede o reconhecimento de novo vínculo referente ao mesmo período, houve um perceptível avanço em eventual reconhecimento de direitos as uniões simultâneas, pois houve cinco votos contrários à tese firmada.

Cabe destacar que o Ministro Marco Aurélio e a Ministra Carmem Lúcia, quando do julgamento do Recurso Extraordinário n. 397.762 e do Mandado de Segurança 33.555, entenderam por vedar o reconhecimento jurídico da união simultânea ao casamento, pelo fato do ordenamento pátrio ter adotado o princípio da monogamia, que veda as relações extraconjugais. Porém, quando do julgamento do Recurso Extraordinário n. 1045273, ambos os ministros mudaram o entendimento para reconhecer direitos as uniões paralelas, desde que a boa-fé objetiva esteja presente.

Portanto, a tendência é que o Supremo Tribunal Federal reveja seu posicionamento para reconhecer direitos as famílias simultâneas, atendendo, assim, os princípios da dignidade da pessoa humana, intervenção mínima, pluralidade familiar, afetividade, autonomia privada e, principalmente, boa-fé objetiva dos envolvidos.

Otávio de Abreu Portes Júnior

POLIAMOR

visão jurídica e filosófica
sobre as uniões simultâneas e poliafetivas

Otávio de Abreu Portes Júnior

POLIAMOR

visão jurídica e filosófica
sobre as uniões simultâneas e poliafetivas

Del Rey
editora

Belo Horizonte
2021

EDITORA DEL REY LTDA.
www.livrariadelrey.com.br

Editor: Arnaldo Oliveira

Editor Adjunto: Ricardo A. Malheiros Fiuza (*in memoriam*)

Coordenação Editorial: Letícia Neves

Diagramação e Revisão: Know-how Editorial

Editora:
Rua dos Goitacazes, 71 – Lojas 20 a 24
Centro – Belo Horizonte – MG
CEP 30190-050

Comercial:
Tel.: (31) 3284-3284 / 3293-8233
vendas@editoradelrey.com.br

Editorial:
editorial@editoradelrey.com.br

P849p Portes Junior, Otávio.
Poliamor: visão jurídica e filosófica sobre as uniões simultâneas e poliafetivas / Otávio Portes Junior; Prefácio de César Fiuza.- 1. ed. - Belo Horizonte, MG : Editora Del Rey, 2020.
140 p.; 14x21 cm.

Inclui bibliografia.
ISBN 978-65-5791-041-2

1. Casamento. 2. Direito de Família. 3. União Estável. 4. Uniões Poliafetivas. 5. Uniões Simultâneas. I. Título. II. Assunto. III. Portes Junior, Otávio.

CDD 342.162841 CDU 347.628

ÍNDICE PARA CATÁLOGO SISTEMÁTICO
1. Direito de Família: União estável e outras modalidades.
2. Direitos de família: formas diversas de união.

Ficha catalográfica elaborada pelo bibliotecário Pedro Anizio Gomes CRB-8 8846

AGRADECIMENTOS

Agradeço a Deus por me iluminar, proteger e me dar força para realizar este grande sonho.

Aos meus pais, Otávio de Abreu Portes e Sônia Lúcia Duarte Portes, pelo amor incondicional e por todos os esforços empregados para a concretização desta etapa.

Às minhas irmãs Cristiana Duarte Portes e Daniela Duarte Portes, por me mostrarem que a docência e a pesquisa são essenciais para a construção do conhecimento.

Ao professor César Augusto de Castro Fiuza, pela honrosa orientação e pela confiança depositada em mim. Serei eternamente grato pelos ensinamentos.

Ao professor Luís Carlos Balbino Gambogi, pelas instruções e pelo aprendizado. Sua contribuição foi de suma importância para a elaboração deste livro.

Aos professores Sérgio Henrique Zandona, Frederico Gabrich, Carlos Victor Muzzi, André Leal, Sarah Martins e Adriano da Silva Ribeiro. Todos vocês contribuíram significativamente para este trabalho.

Aos meus amigos que sempre me incentivaram em abordar esse tema inovador e desafiador.

A todos os meus familiares pela torcida. Minha eterna gratidão a todos que, de alguma forma, contribuíram para este trabalho.

"A família eudemonista, que serve de instrumento para a obtenção da felicidade e a realização pessoal."

LISTA DE ABREVIATURAS E SIGLAS

Art.	Artigo
Arts.	Artigos
ADI	Ação Direta de Inconstitucionalidade
ADPF	Arguição de Descumprimento de Preceito Fundamental
CC/2002	Código Civil
CNJ	Conselho Nacional de Justiça
CP	Código Penal
CR	Constituição da República Federativa do Brasil de 1988
EC	Emenda Constitucional
ECA	Estatuto da Criança e do Adolescente
RE	Recurso Extraordinário
REsp	Recurso Especial
STF	Supremo Tribunal Federal
STJ	Superior Tribunal de Justiça

SUMÁRIO

APRESENTAÇÃO

O Professor João Baptista Villela foi o precursor, no Direito Brasileiro, da tese intitulada desbiologização da paternidade. Sustentava o grande mestre, a contar dos anos 70 do século XX, que a paternidade tem fundamento na cultura, não no fato biológico. Ocorre que mesmo o visionário Professor Vilella, se vier a ler esta obra, da lavra de Otávio Portes Jr, não conseguirá esconder o seu espanto (VILELLA, João Baptista. Desbiologização da Paternidade. Revista da Faculdade de Direito da Universidade Federal de Minas Gerais. Belo Horizonte, a. 27, n. 21 de maio de 1979: 400-418).

Professor João Baptista Vilella, que formou gerações enquanto esteve à frente da cadeira de Direito Civil da Universidade Federal de Minas Gerais (UFMG), não obstante titular de uma inteligência e cultura exuberantes, situa-se no campo da modernidade, fase de nossa História que nasce com o Iluminismo/Ilustração. Seu espanto com este trabalho acadêmico advirá do fato de o autor trabalhar com pensadores que se situam na pós-modernidade, hipermodernidade ou alta modernidade.

O principal ponto de atrito entre os cânones da modernidade e o estatuto da pós-modernidade está na desconstrução da crença no progresso linear da razão e das ciências, fundamentos da modernidade, substituídos, na pós-modernidade, pela contingência, pela compreensão de que os desenvolvimentos, se existem, são incontroláveis, inadministráveis, imprevisíveis, não lineares, complexos, contraditórios. Para os modernos, a razão, os valores perenes devem guiar a conduta humana; para os modernos, o espaço público, a vida pública, é essencial à vida social; para os pós-modernos, substituem a razão pelo psicológico, os valores perenes pelos valores do dia; para os pós-modernos, a esfera pública é histriônica, dissimulada, improdutiva, não deve haver política ou é necessário inventar outra forma de fazê-la. Para os modernos, é possível compatibilizar o particular ao universal, construir um discurso democrático convergente entre as inúmeras concepções políticas, jurídicas e éticas presentes numa sociedade plural; para os pós-modernos, nada disso interessa porque, para os pós-modernos, o discurso da modernidade produziu a homogeneização, eliminou diferenças e adversidades, que agora devem ser prestigiadas.

Na pós-modernidade, os ideais da emancipação do sujeito pela razão, fundamentos da modernidade, são substituídos pela sensibilidade, pela transgressão metodológica, pelo lúdico, pela força vital. Saem de cena os heróis, as metanarrativas, as grandes soluções e os grandes objetivos; entram em cena o pontual, o micro, o instável e o irracional. Na pós-modernidade, experimenta-se uma realidade em que o passado se perdeu e o futuro tornou-se obsoleto.

Nela, as relações humanas tornaram-se frágeis, incongruentes, paradoxais, quebradiças, não confiáveis, descartáveis. A sociedade moderna, regida pela razão iluminista, a tudo queria prever e controlar, enquanto a pós-moderna rege-se pelo instável, pelo movediço, pelo risco, pela incerteza.

No coração da pós-modernidade está o ideal da desconstrução e, no coração da aventura desconstrucionista, a negação do sentido, um gesto de desconfiança em relação à cultura e uma aposta no presente, na imagem, no desejo e no desvio. Quer o poder, a ideologia, a família consanguínea, socioafetiva ou matrimonial, quer qualquer valor da modernidade, é capaz de comover o homem pós-moderno, que repele o conceito de liderança, de ideário, de limite, que não acredita em projetos históricos, em mobilizações organizadas, em bandeiras que prometam resultados gloriosos, homens gloriosos. Na pós-modernidade, todos são heróis de si mesmos. Não à toa que o ator, o protagonista das mudanças sociais e políticas na atualidade, é o protagonista anônimo. Não à toa, partem das redes sociais os principais movimentos políticos, sociais e culturais na atualidade. Não mais o político, não mais o intelectual de viés público têm vez e voz, mas, sim, as redes sociais.

É em meio a essa efervescência cultural que Otávio Portes Júnior mergulha, como se uma águia, e num voo certeiro, captura o objeto de sua investigação. Naturalmente, antes do voo, esforços reflexivos com foco no contexto da mudança paradigmática que se deu e se dá no âmbito da Filosofia e do Direito de Família exigiram o suor e a inteligência do autor. Nesse sentido, as contribuições.

Luís Carlos B. Gambogi

Doutor em Filosofia do Direito pela UFMG.

Desembargador do Tribunal de Justiça do Estado de Minas Gerais.

PREFÁCIO

A obra, que tenho o prazer de prefaciar, cuida do poliamor, essa nova modalidade de arranjo familiar, que vem ocorrendo atualmente, ao lado das formas tradicionais de família.

É importante destacar que a família vem evoluindo constantemente. Sua evolução, e aqui o termo é adotado em tom neutro, acompanha os anseios sociais, a depender do tempo e do lugar. Principalmente após a Revolução Industrial, cujos efeitos culminaram na Revolução Sexual dos anos 1960, a família vem ganhando nova roupagem.

No Brasil, três marcos podem apontar-se: o Estatuto da Mulher Casada (1962), a Lei do Divórcio (1977) e a Constituição da República (1988). A partir dessa legislação, mormente da última, a família se tornou um fenômeno plural, pois se passou a admitir a coexistência de diversos núcleos familiares, além do casamento. A família passou a ser vista como instrumento para a obtenção da felicidade e da realização pessoal dos indivíduos.

Seguindo esta linha de pensamento, a presente obra tem por objetivo analisar a possibilidade de reconhecimento jurídico do poliamor, que, segundo o autor, se desdobra nas uniões simultâneas e poliafetivas. São entidades familiares que, embora gerem estranheza para alguns, vêm sendo socialmente aceitas e praticadas, não podendo, portanto, ser menosprezadas. Trata-se de uma ideologia de vida afetiva, na qual se admite um inter-relacionamento amoroso simultâneo, com o conhecimento e consentimento de todos os envolvidos. Muito embora apresente aspectos controvertidos no plano moral, social e jurídico, não há qualquer impedimento para sua configuração e, consequentemente, seu reconhecimento como família. Por meio de uma metodologia que se desenvolve na vertente teórico-dogmática, realizada por meio de uma detalhada busca bibliográfica e documental, o trabalho do autor desconstitui a ideia de que a monogamia seja um princípio intangível para a caracterização da família. Em seguida, demonstra que a interpretação civil-constitucional é suficiente para se reconhecer direitos às uniões simultâneas e poliafetivas. Os princípios da dignidade humana, da intervenção mínima, do pluralismo familiar, da autonomia privada, da afetividade, da boa-fé e do Estado laico, são capazes de legitimar essas entidades familiares, incumbido ao Estado apenas garantir o direito fundamental de formação e reconhecimento desse novo modelo de família.

O autor, Otávio de Abreu Portes Júnior, que tive a honra de orientar, é o jovem e brilhante advogado, professor universitário, mestre em Direito Privado. Também é pós-graduado em Direito Civil, Direito de Família e Direito das Sucessões, além de ser Conselheiro Seccional da OAB/MG, Diretor da Comissão de Direito das Sucessões da OAB/MG e sócio do escritório Ribeiro Romanelli Advogados Associados.

Belo Horizonte, julho de 2020.

César Fiuza

Doutor em Direito pela UFMG.

Professor de Direito Civil na Universidade FUMEC
e na Universidade Federal de Minas Gerais.

Advogado no escritório César Fiuza & Bruno Lewer
Sociedade de Advogados.

1

INTRODUÇÃO

Estamos vivendo uma mudança de contexto social que repercute diretamente na formação de novos vínculos familiares. Aos poucos, emerge um pensamento inovador e liberal, capaz de quebrar paradigmas e superar valores considerados absolutos pela sociedade.

Os relacionamentos amorosos estão sofrendo uma alteração substancial em sua forma de constituição, influenciada por uma cultura consumerista psicologizante que se aflora no século XXI.

A tecnologia vem superando barreiras, aproximando as pessoas e facilitando a formação de novas relações.

Surge uma tendência em se multiplicar o amor, aumentando o número de relações ou a quantidade de parceiros dentro de um único relacionamento.

A ideia de amor único, exclusivo e indivisível, começa a ser deixada de lado, e a fidelidade, tida por muitos como um preceito absoluto, passa a ser contestada.

A monogamia passa a ceder espaço para o poliamor, em que o afeto e o amor não se limitam a uma única pessoa. Como consequência, novos núcleos familiares surgem, gerando reflexos consideráveis no âmbito jurídico.

No Direito de Família vigora um sistema de inclusão, permitindo que qualquer entidade familiar, ainda que não convencional, possa ser reconhecida, cabendo ao Estado apenas regulamentar direitos.

Independentemente de quaisquer aspectos morais, as famílias pautadas no poliamor demandam urgente reconhecimento, e as consequências jurídicas, na esfera existencial e patrimonial, devem ser debatidas para que se obtenha uma solução justa e razoável.

Vivemos em uma sociedade plural, multicultural, miscigenada e democrática, em que a empatia e o respeito pelo pensamento divergente servem como balizas elementares para as relações sociais.

Não se pode negar o reconhecimento de direitos a uma modalidade de família apenas por não se concordar com determinada forma de viver, agir e pensar, sob pena de submergir em um oceano banhado por preconceito e movido por ondas de discriminação.

2

EVOLUÇÃO HISTÓRICA DA FAMÍLIA

O conceito de família passou por uma profunda alteração ao longo do tempo, acompanhando a evolução e o desenvolvimento da sociedade.

Indiscutivelmente, a família evolui de acordo com o progresso da humanidade e, seguindo o avanço social, vai alterando sua forma de constituição.

Na medida em que a sociedade se modifica, outros arranjos familiares vão surgindo, o que torna a família um instituto em constante evolução.

A família deixa de ser compreendida como um fim em si mesma, para ser considerada um meio para a obtenção da felicidade e a realização pessoal dos indivíduos.

Ocorre que para se chegar a essa conclusão, deve ser analisado como a família evoluiu ao longo do tempo, de acordo com as peculiaridades de cada momento histórico.

Pode-se afirmar que os clãs configuraram as primeiras manifestações de família, sendo o primeiro núcleo familiar existente na sociedade.

Nos clãs, os membros da família assumiam deveres e obrigações morais, reunindo em uma mesma comunidade todos os descendentes que compartilhavam de uma identidade cultural (CUNHA, 2009).

Com os riscos decorrentes do crescimento territorial e populacional, as entidades familiares passaram a se unir, formando as primeiras tribos, que eram constituídas por grupos sociais compostos de corporações de descendentes.

Nesta época, vigorava nas tribos, uma espécie de promiscuidade sexual ilimitada, em que todos os homens pertenciam a todas as mulheres, sem qualquer distinção.

Friedrich Engels afirma que:

> Reconstruindo retrospectivamente a história da família, Morgan chega, de acordo com a maioria de seus colegas, à conclusão de que existiu uma época primitiva em que reinava, no seio da tribo, o comércio sexual sem limites, de modo que cada mulher pertencia igualmente a todos os homens e cada homem igualmente a todas as mulheres. Já se falava desse estado primitivo no século passado, mas apenas em formulações genéricas (ENGELS, 2009, p. 46).

Posteriormente, as tribos passaram a realizar os casamentos em grupos, em que vários homens e mulheres se possuíam mutuamente (ENGELS, 2009).

Como não havia fidelidade no casamento em grupo, o reconhecimento da paternidade tornou-se impossível, pois havia apenas certeza quanto à maternidade dos filhos (ENGELS, 2009).

Diante da impossibilidade de se reconhecer a paternidade, os filhos eram considerados comuns de toda a tribo.

Friedrich Engels, ao escrever sobre a história primitiva, constata situações em que os homens praticavam a poligamia ao mesmo tempo em que as mulheres praticavam a poliandria, de modo que os filhos de uns e outros tinham de ser considerados comuns (ENGELS, 2009, p. 46).

Nos casamentos em grupo, o incesto era uma prática comum, e os filhos, oriundos das relações incestuosas, nasciam com problemas genéticos.

Como forma de coibir o incesto, a sociedade primitiva evoluiu para família consanguínea, em que os grupos conjugais passaram a se separar por gerações, como forma de excluir o relacionamento sexual entre pais e filhos (ENGELS, 2009, p. 52).

Na família consanguínea, os grupos conjugais se separam por gerações. Os avôs e avós, dentro dos limites da família, são, em conjunto, maridos e mulheres entre si. O mesmo com os pais e mães. Os filhos, por sua vez, constituem um terceiro círculo de cônjuges comuns, e os netos, o quarto círculo. Nessa forma de família, só os ascendentes e os descendentes, os pais e os filhos, estão reciprocamente excluídos dos direitos e deveres do casamento. Irmãos e irmãs, primos e primas, em primeiro, segundo e restante graus, são todos irmãos entre si e maridos e mulheres uns dos outros. Nesse estágio, o vínculo de irmão e irmã pressupõe a relação sexual entre ambos (ENGELS, 2009, p. 52-53).

Muito embora as relações incestuosas entre ascendentes e descendentes tenham sido excluídas com o surgimento da família consanguínea, ainda havia o relacionamento sexual entre irmãos, o que também gerava filhos com problemas genéticos.

Assim, buscando coibir a relação sexual entre irmão, foi dada origem à família punaluna, que vedava o casamento entre colaterais até o terceiro grau (ENGELS, 2009, p. 54).

Ensina Friedrich Engels que:

> Se o primeiro progresso na organização da família consistiu em excluir os pais e os filhos das relações sexuais entre si, o segundo foi a exclusão dos irmãos. Esse progresso foi infinitamente mais importante que o primeiro e, também, mais difícil, dada a maior igualdade nas idades dos envolvidos. Foi ocorrendo pouco a pouco, provavelmente começando pela exclusão das relações sexuais entre irmãos uterinos (isto é, irmãos por parte de mãe), a princípio em casos isolados e, depois, gradativamente, como regra geral e terminando pela proibição do casamento até entre irmãos colaterais, quer dizer, segundo nossos atuais designativos de parentesco, entre primos carnais, primos de segundo e terceiro graus (ENGELS, 2009, p. 54).

As famílias que optavam pela vedação do incesto inseriam, na entrada da tribo, um totem como forma de identificar que ali não havia relação sexual entre pessoas da mesma comunidade (PEREIRA, 2012, p. 13).

Totem pode ser um animal, um vegetal, um fenômeno natural ou um objeto que mantém uma relação peculiar com o clã, gerando uma relação de subordinação com os integrantes daquela comunidade. Nos lugares em que se encontravam totens, havia lei contra as relações sexuais entre pessoas do mesmo clã, com forte ligação entre totemismo e exogamia (PEREIRA, 2012, p. 13).

Assim, uma das primeiras regras do direito de família foi a vedação do relacionamento sexual entre pais e filhos e, posteriormente, entre colaterais até o terceiro grau, que ficou marcada pela inserção de totens na entrada das tribos, como forma de expor a proibição das relações incestuosas.

Ocorre que mesmo nos casamentos em grupo, o homem, entre suas várias mulheres, escolhia uma específica e a considerava a principal, e a mulher, por sua vez, escolhia aquele homem que era o seu parceiro predileto (ENGELS, 2009, p. 63).

Com o homem e a mulher escolhendo o parceiro preferido, entre os demais, para um relacionamento exclusivo, a união por pares aos poucos foi se consolidando, dando origem à família pré-monogâmica (ENGELS, 2009, p. 63).

Contudo, ainda que o casamento em grupo tivesse sido substituído pela união por pares, a monogamia ainda não era uma regra, pois a infidelidade era tida como um direito dos homens. Em relação à mulher, a fidelidade tinha de ser necessariamente observada, e em caso de adultério, havia severa e cruel punição (ENGELS, 2009, p. 64).

Como forma de equipar a desigualdade criada por essa condição, o casamento passou a ser dissolúvel, permitindo à mulher, caso não aceitasse a infidelidade do homem, extinguir o matrimônio e iniciar uma nova vida conjugal (ENGELS, 2009, p. 64).

Aos poucos a família pré-monogâmica foi cedendo espaço para a família monogâmica, em que a certeza da paternidade, para fins sucessórios, tornou-se primordial e, como consequência, apenas o homem poderia dissolver o casamento.

A família monogâmica baseia-se no domínio do homem com finalidade expressa de procriar filhos cuja paternidade fosse indiscutível, já que os filhos tomarão a posse dos bens dos pais por serem herdeiros diretos (ENGELS, 2009, p. 80).

A infidelidade continua a ser um direito exclusivo do homem e nem sequer é permitido à mulher extinguir o matrimônio, caso não aceitasse uma relação extraconjugal de seu marido.

Como os filhos passaram a ser herdeiros diretos dos pais, surgiu uma necessidade de se organizar melhor as famílias, de maneira que não houvesse dúvida alguma em relação à paternidade. Assim, a família monogâmica deu origem à família natural, com berço na Roma Antiga.

A necessidade de organização das famílias, fundadas basicamente nas relações de parentesco consanguíneo, deu origem às primeiras sociedades humanas organizadas, fazendo surgir, na Roma Antiga, a família natural, formada por um casal e seus filhos (CUNHA, 2009).

A família natural que surgiu em Roma originava-se do matrimônio e, em sua estrutura hierárquica, prevalecia o poder absoluto do homem.

Fernanda Pessanha do Amaral Gurgel afirma que:

> Em Roma, a família era vista como um conjunto de pessoas que se encontram sob a autoridade do "páter-familias", denominação que era dada ao ascendente comum mais velho. Compreendia a família como uma estrutura hierárquica, sendo considerado soberano absoluto e inquestionável. Na sua estrutura patriarcal, exercia legítimo poder marital sobre a mulher e o pátrio poder sobre os filhos (GURGEL, 2008, p. 13).

O *páter-famílias* era o senhor absoluto do lar, o sacerdote que presidia o culto aos antepassados, o juiz que julgava seus subordinados e o administrador que comandava os negócios da família (FIUZA, 2008, p. 927).

Aos poucos o panorama foi se alterando e, embora o patriarcalismo continuasse a prevalecer, o homem deixava de exercer o papel extremista de senhor absoluto do lar.

O casamento surgiu justamente como uma forma de se melhor organizar as famílias e, incentivado por dogmas religiosos, passou a ser a única forma de se constituir uma entidade familiar.

A religião influenciava significativamente no casamento, ao ponto de distinguir as famílias, que se diferenciavam por terem crenças e deuses diversos.

Na Roma Antiga, duas famílias viviam uma ao lado da outra, mas adoravam deuses distintos. Em uma delas, uma jovem participa desde a infância da religião do pai. Seu fogo paterno é seu deus. Se um jovem de uma outra família a pede em casamento, para ela significa mais do que passar de uma casa para outra. Trata-se de abandonar o lar para invocar, daí por diante, os deuses do esposo. Trata-se de abandonar o deus de sua infância para invocar um deus desconhecido (COULANGES, 1864).

No Brasil, desde as legislações imperiais, o casamento era o único modelo de família juridicamente reconhecido pelo Estado e era considerado um instituto formal, solene e indissolúvel.

O Código Civil de 1916, em seu art. 233, considerou o casamento um instituto patriarcal e hierarquizado, em que o marido ocupava a posição de chefe da sociedade conjugal (BRASIL, 1916).

Com a Lei n. 4.121/62, denominada de Estatuto da Mulher Casada, a esposa passou a exercer, juntamente com o marido, a administração da sociedade conjugal, lhe sendo permitido, ainda, o exercício de uma atividade profissional e compartilhamento do poder familiar (BRASIL, 1962).

A Lei n. 6.515/77, popularmente conhecida como a Lei do Divórcio, trouxe a possibilidade de dissolução oficial do casamento, fazendo com que o matrimônio civil deixasse de ser indissolúvel (BRASIL, 1977).

Com o advento da Constituição da República Federativa do Brasil de 1988, o conceito de família passou a abranger, além do casamento, a união estável e as relações formadas por qualquer dos pais com seus descendentes (BRASIL, 1988).

Em relação à União Estável, o Código Civil de 2002 reconheceu como entidade familiar a relação entre homem e mulher, configurada na convivência pública, contínua e duradoura e estabelecida com o objetivo de constituir família (BRASIL, 2002).

Vale ressaltar que o Código Civil de 2002 dispensou qualquer lapso temporal para a configuração da união estável, derrogando a Lei n. 8.971/94, que previa um prazo mínimo de cinco anos de relacionamento (BRASIL, 1994).

No ano de 2.011, o Supremo Tribunal Federal, no julgamento da Arguição de Descumprimento de Preceito Fundamental 132 (BRASIL, 2011) e da Ação Direta de Inconstitucionalidade 4.277 (BRASIL, 2011), reconheceu como entidade familiar a união homoafetiva entre companheiros do mesmo sexo, que possuam um relacionamento público, contínuo e duradouro, com intenção de constituir família.

O conceito de família vem se tornando cada vez mais abrangente, levando a uma quebra de paradigma, tendo em vista a natural mudança da perspectiva social.

Além das entidades familiares previstas em lei, a sociedade contemporânea, devido às suas complexidades, exige uma interpretação extensiva do conceito de família, de modo a assegurar a autonomia da vontade e a livre liberdade de escolha.

O século XXI, com sua revolução cultural, se contrapõe aos modelos legais e rígidos de família, demandando uma reflexão sobre a limitação da proteção jurídica concedida apenas a alguns núcleos familiares.

E nessa evolução histórica chegamos ao conceito de poliamor, botando em xeque o princípio da monogamia, previsto no inciso VI, do art. 1.521 e no art. 1.727 do Código Civil (BRASIL, 2002).

2.1 MODALIDADES DE FAMÍLIA

São diversas as modalidades de família atualmente existentes, tendendo surgir, com o passar do tempo, novos núcleos familiares.

No âmbito do Direito de Família, vigora um sistema de inclusão, abrangendo uma pluralidade de entidades familiares que vão rapidamente se multiplicando.

O art. 226 da Constituição da República estabeleceu um rol exemplificativo de família, prevendo, expressamente, o casamento, a união estável e a família monoparental (BRASIL, 1988).

Como prevalecem a autonomia privada e a pluralidade familiar, todas as formas de família, independentemente da forma de constituição, devem ser juridicamente reconhecidas e protegidas.

2.1.1 Casamento

O casamento pode ser considerado um tradicional modelo de família, sendo reconhecido e incentivado desde as legislações imperiais.

Por sua formalidade, o casamento é um instituto solene e protocolar, que exige o cumprimento de uma série de requisitos para sua celebração.

Antes de sua formalização, há um rigoroso processo de habilitação, no qual os nubentes deverão instruí-lo com a documentação prevista no art. 1.525 do Código Civil (BRASIL, 2002).

Na habilitação, é necessária a oitiva do Ministério Público, e caso seja apresentada impugnação, haverá a remessa do processo para o Juiz competente (BRASIL, 2002).

Caso não haja impugnação, será publicado edital, que se afixará durante quinze dias nas circunscrições do Registro Civil de ambos os nubentes, e se publicará na imprensa local, se houver (BRASIL, 2002).

Após celebrado o casamento, haverá o registro no livro b, do cartório de registro civil de pessoas naturais, conforme estabelece o inciso II do art. 33 da Lei n. 6.015/73 (BRASIL, 1973).

A formalidade exigida na celebração e registro do casamento decorre da exigência de se dar publicidade ao ato, evitando prejuízos a terceiros ou possível simulação.

A solenidade e a publicidade exigidas na celebração do casamento podem ser consideradas as grandes diferenças da união estável, que, por ser um fato da vida, independe de qualquer formalidade para sua configuração.

O Código Civil prevê, ainda, algumas consequências decorrentes do casamento, como a comunhão plena de vida, a fidelidade recíproca e igualdade de direitos e deveres entre homem e mulher (BRASIL, 2002).

Ensina Maria Berenice Dias que:

> Apesar de não definir casamento, a lei declina sua finalidade (CC 1.511): estabelece comunhão plena de vida, com base na igualdade de direitos e deveres dos cônjuges. Também prevê seus efeitos ao atribuir encargos e ônus ao casal (CC 1.565): homem e mulher assumem mutuamente a condição de consortes, companheiros e responsáveis pelos encargos da família (DIAS, 2015, p. 147).

Como homem e mulher se encontram em posição de igualdade, não há mais o sistema patriarcal que vigorava na legislação anterior.

E além do matrimônio tradicional, o Código Civil prevê outras hipóteses de casamento, que devido às suas peculiaridades, alterarão a forma de celebração.

O Código Civil prevê a possibilidade de contrair casamento, na presença de seis testemunhas, quando um contraente estiver em iminente risco de vida, e caso não seja possível a presença da autoridade à qual incumba presidir o ato (BRASIL, 2002).

Há também a possibilidade de o casamento religioso, que atender às exigências da lei, equipara-se ao casamento civil, devendo haver prévia habilitação e posterior registro no prazo de noventa dias, a contar da cerimônia religiosa (BRASIL, 2002).

Existe, ainda, previsão legal permitindo o casamento por procuração, dispensando a presença física de um dos nubentes no ato da celebração (BRASIL, 2002).

Por fim, destaca-se o casamento putativo, que, mesmo diante de uma nulidade, produzirá efeitos, desde a sua celebração, para o contraente que agiu de boa-fé (BRASIL, 2002).

No casamento putativo, mesmo sendo desconstituído por haver uma nulidade, produz efeitos com relação ao cônjuge que estava de boa-fé e que foi enganado, sendo que este período de validade vai da data da celebração até o trânsito em julgado da sentença que o desconstitui (DIAS, 2015, p. 153).

Portanto, a lei prevê diversas modalidades de casamento, que se diferenciarão de acordo com as particularidades de cada caso.

Além de ser um instituto formal e solene, há enorme publicidade na celebração, o que gera maior segurança para quem optou por constituir família pelo casamento.

2.1.2 *União estável*

A união estável sempre foi motivo de grande discussão, e seu reconhecimento como espécie de família ocorreu paulatinamente.

Durante muito tempo, a união estável foi vista com um certo preconceito por parte da sociedade, pois a cultura de que a família só se originava do casamento impedia que eventual união não matrimonializada fosse reconhecida como entidade familiar.

O fato de o casamento ter sido, por muito tempo, o único modelo de família reconhecido formalmente não impediu que sobreviessem outros vínculos afetivos, ainda que rejeitados pela sociedade. As uniões que surgiam à margem do matrimônio eram identificadas pelo vocábulo "concubinato" e não eram abrangidas pelo Direto das Famílias (VIEGAS, 2017, p. 195).

O reconhecimento da união estável como entidade familiar pelo Direito brasileiro ocorreu gradativamente, até ser sedimentado com a promulgação da Constituição da República de 1988.

A Lei n. 4.242/63 foi uma das legislações pioneiras no reconhecimento de direitos à união estável, admitindo a possibilidade do servidor civil, militar ou autárquico desquitado, que não responda pelo sustento da ex-esposa, abater em seu imposto de renda os gastos com a companheira que viva sob sua exclusiva dependência econômica no mínimo há cinco anos (BRASIL, 1963).

A Lei n. 4.297/63, ao regulamentar a aposentadoria para ex-combatentes e seus dependentes, também reconheceu direitos à união estável ao prever a possibilidade de se conceder pensão por morte à companheira, diante do falecimento de servidor civil, militar ou autárquico, desde que com o segurado tenha convivido maritalmente por prazo não inferior a cinco anos e até a data de seu óbito (BRASIL, 1963).

Até então, as legislações que previam o reconhecimento de diretos à união estável se limitavam às esferas tributária e previdenciária, não abrangendo eventual divisão patrimonial no caso de dissolução da união.

Ocorre que no ano de 1964, o Supremo Tribunal Federal editou a Súmula 380 estabelecendo que "comprovada a existência de sociedade de fato entre os concubinos, é cabível a sua dissolução judicial com a partilha do patrimônio adquirido pelo esforço comum" (BRASIL, 1964).

Posteriormente, a Lei n. 5.890/73 permitiu a inscrição da companheira como beneficiária da Previdência Social, na condição de dependente do segurado, desde que comprovada a convivência pelo prazo mínimo de cinco anos (BRASIL, 1973), sepultando, de vez, a discussão sobre a possibilidade de a união estável gerar efeitos previdenciários.

Com a promulgação da Constituição da República de 1988, a união estável passou a ser considerada uma entidade familiar, embora não houvesse previsão específica sobre os requisitos necessários para sua configuração (BRASIL, 1988).

O § 3°, do art. 226 da Constituição da República, estabelece que "Para efeito da proteção do Estado, é reconhecida a união estável entre o homem e a mulher como entidade familiar, devendo a lei facilitar sua conversão em casamento" (BRASIL, 1988).

A Lei n. 8.971/94, por sua vez, estabeleceu a possibilidade de se aplicar a legislação pertinente aos alimentos à companheira de um homem solteiro, separado judicialmente, divorciado ou viúvo, que com ele viva há mais de cinco anos, ou dele tenha prole, enquanto não constituir nova união, e desde que comprove a necessidade econômica (BRASIL, 1994).

A mesma Lei n. 8.971/94 previu, ainda, a possibilidade de a união estável gerar efeitos sucessórios e direito à meação, caso os bens deixados pelo falecido resultarem de atividade em que haja colaboração do companheiro (BRASIL, 1994).

Já a Lei n. 9.278/96 estabeleceu que "Os bens móveis e imóveis adquiridos por um ou por ambos os conviventes, na constância da união estável, a título oneroso, serão considerados fruto do trabalho e da colaboração comum, passando a pertencer a ambos, em condomínio e em partes iguais, salvo estipulação contrária constante de contrato escrito" (BRASIL, 1996).

O Código Civil de 2002 estabeleceu ser "reconhecida como entidade familiar a união estável entre o homem e a mulher, configurada na convivência pública, contínua e duradoura e estabelecida com o objetivo de constituição de família" (BRASIL, 2002).

O Código Civil prevê requisitos objetivos e subjetivos para o reconhecimento da união estável e dispensa um lapso temporal mínimo de convivência para sua configuração.

Como requisitos objetivos, a lei prevê que a união entre homem e mulher seja pública, contínua e duradoura (BRASIL, 2002) e que não sofra constantes interrupções.

Para ser pública, a união deve ser reconhecida aos olhos de terceiros, que deverão tratar o casal como se marido e mulher fosse.

Contínua e duradoura é aquela união que se prolonga no tempo e que não sofre seguidas paralisações. Muito embora não seja mais necessário um prazo mínimo de duração, a união, para ser considerada estável, não deve sofrer suspensões que interrompam o fluxo normal do relacionamento.

A união ainda pode ser homoafetiva, pois o fato de a lei prever como requisito o casal ser composto entre homem e mulher não exclui as relações entre pessoas do mesmo sexo, conforme entendeu o Supremo Tribunal Federal, no julgamento da ADPF 132 (BRASIL, 2011) e da ADI 4277 (BRASIL, 2011).

Como requisito subjetivo, o casal deve ter a intenção de constituir família, independentemente da existência de filhos.

E para a configuração da união estável, não é necessário que os companheiros residam no mesmo lar, pois a Súmula 382 do Supremo Tribunal Federal estabelece que a *more uxorio* não é indispensável à caracterização do concubinato (BRASIL, 1964).

A união estável é um fato da vida, não dependendo de um requisito formal para sua configuração, como a existência de escritura pública ou o pacto de convivência.

Todavia, para se estabelecer um regime de bens diverso da comunhão parcial, se faz necessário lavrar escritura pública ou firmar um contrato particular, regulamentando os aspectos patrimoniais da união.

Portanto, pode-se considerar a união estável um fato da vida, que, devido à sua informalidade, se diferencia do casamento, embora não exista hierarquia entre eles.

2.1.3 *Família parental*

Na medida em que novas formas de família foram surgindo, a parentalidade passou a ganhar força, pois o parentesco, que antes se limitava ao matrimônio e ao vínculo consanguíneo, passou a abranger a socioafetividade e a afinidade.

O amor e o afeto passaram a ser pilares fundamentais na formação da família, influenciando, significativamente, na configuração da família parental.

Família parental é a que se estabelece a partir dos vínculos de parentescos, sejam consanguíneos, socioafetivos ou por afinidade. Família parental é o gênero que comporta várias espécies, tais como, anaparental, extensa, adotiva, ectogenética, multiparental, homoparental e coparental (PEREIRA, 2017).

Como cada espécie tem suas peculiaridades, se faz necessário realizar uma breve análise de cada modalidade, para compreendermos como a família parental influencia a configuração do poliamor.

2.1.3.1 Família monoparental

Além do casamento e da união estável, a Constituição da República também reconheceu expressamente como entidade familiar, sujeita a direitos e deveres, a família monoparental (BRASIL, 1988).

O § 4º, do art. 226 da CR, reconhece como entidade familiar a comunidade formada por qualquer dos pais e seus descendentes (BRASIL, 1988).

No núcleo monoparental, basta apenas a figura de um dos genitores com seus filhos, não necessitando que existam pai e mãe para que esta entidade unilinear seja considerada família.

Em relação à família monoparental, Renata Barbosa de Almeida e Walsir Edson Rodrigues Júnior ensinam que:

> Se desmembrado, o termo "monoparental" dá sentido de parentalidade exclusiva. Se parental é relativo a pai e mãe, monoparental é a realidade formada pela isolada relação entre o pai ou entre a mãe e seus filhos. Usado o termo para qualificar uma espécie de família, induz a compreensão de ser um abrigo onde convivem os descendentes com apenas

> um daqueles ao qual se ligam pelo vínculo da parentalidade. Nesse sentido é a definição constitucional, sediada no artigo 226, §4: "entende-se, também, como entidade familiar a comunidade formada por qualquer dos pais com seus descendentes" (ALMEIDA; RODRIGUES JUNIOR, 2010, p. 75).

O núcleo formado por um dos pais com seus filhos é considerado uma entidade familiar pelo próprio texto constitucional, garantindo a proteção de direitos, independentemente da existência ou presença do outro genitor.

A família monoparental desvincula-se da ideia de um casal relacionado com seus filhos, pois estes vivem apenas com um dos seus pais, em razão da viuvez, separação judicial, divórcio, adoção unilateral, não reconhecimento de sua filiação pelo outro genitor, ou mesmo a reprodução independente (DINIZ, 2007).

Embora a Constituição da República fale na comunidade formada por qualquer dos pais com seus descendentes, pode-se interpretar a família monoparental extensivamente, de modo a abranger a entidade formada pelo avô com o neto ou bisavô com o bisneto.

Assim, a entidade monoparental, ainda que ausente as figuras de pai ou mãe, é considerada família pelo próprio texto constitucional, merecendo, consequentemente, proteção jurídica.

2.1.3.2 Família anaparental

O núcleo familiar formado por pessoas que possuem vínculo de parentesco sem grau de ascendência e descendência é conhecido como "família anaparental".

Anaparental decorre do prefixo *ana* de origem grega, indicativo de falta, privação, ou seja, ausência de genitores, o que dá a interpretação de que a família anaparental seria aquela sem a presença dos pais e que pode se constituir pela convivência entre pessoas no mesmo lar. Diferencia-se da família monoparental, pois nesta há verticalidade de vínculos, como o pai e seus filhos, e naquela a colateralidade, a exemplo de dois irmãos (VIEGAS, 2017).

A família anaparental tem crescido cada vez mais e passou a ser uma tendência entre filhos que decidam sair da casa dos pais e passam a morar juntos.

Com a globalização e o fácil acesso aos meios de comunicação, passou a ser uma prática comum à mudança de jovens, de uma mesma família, para outros países, em busca de trabalho e estudo.

Mesmo não havendo grau de ascendência ou descendência entre os membros, a família anaparental é considerada uma entidade familiar, devendo ser assegurada a proteção de direitos.

Para Renata Barbosa de Almeida e Walsir Edson Rodrigues Júnior:

> A principal importância da família anaparental atine à criação de efeitos próprios que não se poderia gerar caso fosse tal realidade resumidamente compreendida como mera convivência pessoal. Enquanto entidade familiar, talvez passe a ser defensável o rateio do patrimônio havido por esforço comum, bem como direito de alimentos e direitos sucessórios (ALMEIDA; RODRIGUES JÚNIOR, 2010, p. 85).

A família anaparental gera reflexos consideráveis no âmbito do Direito das Sucessões, pois altera substancialmente a divisão do patrimônio após o falecimento de um dos membros que integram esta modalidade de entidade familiar.

A convivência sob o mesmo teto, durante anos, entre duas irmãs, que conjugam esforços para a formação do acervo patrimonial, constitui uma entidade familiar, de modo que falecendo uma delas, descabe dividir os bens igualitariamente entre todos os colaterais, em nome da ordem de vocação hereditária (DIAS, 2015, p. 140).

Neste caso, o colateral que vivia sob o mesmo teto com o falecido, e tenha empregado esforço para construção do patrimônio, terá direito à metade dos bens, sendo a outra metade partilhada entre os demais herdeiros.

Portanto, a família anaparental, independentemente da existência de grau de ascendência e de descendência entre seus membros, é considerada uma entidade familiar, gerando inúmeros reflexos jurídicos.

2.1.3.3. Família extensa e adotiva

O Estatuto da Criança e do Adolescente (ECA) trouxe o conceito de família extensa ou ampliada, como sendo "aquela que se estende para além da unidade pais e filhos ou da unidade do casal, formada por parentes próximos com os quais a criança ou adolescente convive e mantém vínculos de afinidade e afetividade" (BRASIL, 1990).

Nos casos de inclusão do menor em família substituta, a família extensa tem preferência como forma de privilegiar o vínculo existente entre o menor e os parentes mais próximos.

Maria Berenice Dias afirma que:

> Ainda assim há uma verdadeira sacralização da família biológica, quando a nuclear é chamada de família extensa ou ampliada (ECA 25 parágrafo único: aquela que se estende para além da unidade pais e filhos ou da unidade do casal, formada por parentes próximos com os quais a criança ou adolescente convive e mantém vínculos de afinidade e afetividade). Parece que ninguém percebe que este conceito dispõe de um pressuposto além do elo consanguíneo. A lei exige que já exista um vínculo de convivência, afinidade e afetividade para se reconhecer algum parente como família extensa (DIAS, 2015, p. 142).

Portanto, antes mesmo de se incluir o menor no cadastro de adoção, deve-se dar preferência para a manutenção da criança ou adolescente junto aos parentes próximos, como tios e primos, com os quais o menor tenha vínculo de afetividade e afinidade, buscando, com isso, amenizar os prejuízos decorrentes da extinção do poder familiar.

A família adotiva, por sua vez, tem previsão no Código Civil e no ECA e, muito embora não haja um vínculo consanguíneo, gera parentesco civil.

O Código Civil trata apenas da adoção do maior, delegando ao ECA, o procedimento de adoção do menor de idade.

O § 1º, do art. 39, do ECA, estabelece que "a adoção é medida excepcional e irrevogável, à qual se deve recorrer apenas quando esgotados os recursos de manutenção da criança ou adolescente na família natural ou extensa" (BRASIL, 1990).

O art. 41 do ECA prevê, ainda, que: "A adoção atribui a condição de filho ao adotado, com os mesmos direitos e deveres, inclusive sucessórios, desligando-o de qualquer vínculo com pais e parentes, salvo os impedimentos matrimoniais" (BRASIL, 1990).

No mesmo sentido, o Código Civil estabelece que "Configurada a adoção, o adotado passa a ter os mesmos direitos dos filhos biológicos, proibidas quaisquer designações discriminatórias relativas à filiação" (BRASIL, 2002).

Como se vê, os filhos adotivos terão os mesmos direitos, inclusive sucessórios, dos demais filhos biológicos do adotante, havendo uma equiparação entre a filiação natural e civil.

Também haverá equiparação em relação à designação dos filhos, pois não há hierarquia ou diferença entre filhos biológicos ou adotados.

Assim, tanto a família extensa quanto a decorrente de adoção têm os mesmos direitos da família natural, não havendo qualquer distinção sobre a origem da filiação.

2.1.3.4 Família ectogenética

Existe também uma modalidade de família em que a filiação não decorre da concepção natural, nem do procedimento da adoção.

A medicina evolui ao ponto de não ser mais necessários a prática sexual para dar origem à gestação, permitindo que a gravidez possa decorrer das técnicas de reprodução assistida.

Nos casos em que os filhos são decorrentes de reprodução assistida, como as inseminações artificiais homólogas e heterólogas, fala-se em família ectogenética (PEREIRA, 2018).

A inseminação artificial homóloga é a que manipula o óvulo da mulher e o sêmen do marido, permitindo a fecundação, em substituição à concepção natural e decorre da impossibilidade ou da deficiência para gerar de um ou de ambos os cônjuges (LOBO, 2018, p. 159).

Já a inseminação artificial heteróloga "dá-se quando é utilizado sêmen de outro homem, normalmente doador anônimo, e não o do marido, para a fecundação do óvulo da mulher" (LOBO, 2018, p. 163).

Os filhos havidos da inseminação artificial homologa ou heteróloga, assim como os filhos adotados, têm os mesmos direitos que os filhos concebidos pelo método tradicional, sendo vedadas quaisquer qualificações e diferenciações (BRASIL, 2002).

A inseminação artificial vem justamente possibilitar que um casal, que apresenta dificuldade para procriar naturalmente, possa gerar filhos pela técnica da reprodução assistida.

Assim, independentemente de a filiação ter se originado por meios naturais ou se decorreu de inseminação artificial, o núcleo familiar formado pelos pais e seus filhos será considerado família para todos os efeitos legais.

2.1.3.5 Família conjugal e coparental

Um ponto importante que merece destaque é que a sexualidade não necessariamente tem de estar presente para a configuração da família.

Quando há relações sexuais, existe conjugalidade, independentemente da opção sexual dos membros, quantidade de participantes ou simultaneidade de relações.

Família conjugal é aquela que se forma a partir da conjugalidade, em que a sexualidade é o seu elemento vitalizador, seja homo ou heteroafetiva, a exemplo do casamento, união estável, uniões simultâneas ou poliafetivas (PEREIRA, 2017).

Quando a conjugalidade não está presente, fala-se em coparentalidade, a exemplo de um casal que não se relaciona sexualmente e que se uniu apenas parar ter filhos oriundos de inseminação artificial.

Na família ectogenética, que se vale da técnica de reprodução assistida, pode haver coparentalidade, caso não haja relações sexuais, ou conjugalidade, em que um determinado casal se relaciona sexualmente, mas por algum problema genético, está impossibilitado de gerar filhos.

Segundo Rodrigo da Cunha Pereira:

> Coparentalidade ou famílias coparentais são aquelas que se constituem entre pessoas que não necessariamente estabeleceram uma conjugalidade, ou nem mesmo uma relação sexual. Apenas se encontram movidas pelo interesse e desejo em fazer uma parceria de paternidade/maternidade. Na maioria das vezes, o processo de geração de filhos se vale de técnicas de reprodução assistida (PEREIRA, 2017).

Portanto, a doutrina faz um desdobramento entre a família coparental e a conjugal, que se diferenciarão de acordo com a existência ou não de conjugalidade.

Tanto a família conjugal como a coparental merecem reconhecimento jurídico, devendo ser assegurados todos os direitos de uma entidade familiar.

2.1.3.6 Família recomposta ou mosaica

Após a Lei n. 6.515/77 trazer a possibilidade de dissolução oficial do casamento (BRASIL, 1977), tornou-se muito comum a constituição da família recomposta, que são formadas por pessoas que haviam constituído um núcleo familiar que se desfez, que têm filhos deste antigo relacionamento e que formaram uma nova família, unindo sua prole com a do novo companheiro.

A cada dia surgem novas expressões para designar a família recomposta na tentativa de identificar as famílias que resultam da pluralidade das relações parentais, especialmente fomentadas pelo divórcio e pelo recasamento (FERREIRA; RÓRHMANN, 2006, p. 508).

A configuração da família recomposta em nada altera o vínculo do genitor com a prole oriunda do primeiro relacionamento, pois a constituição de uma nova entidade familiar não importa na perda de direitos dos filhos havidos anteriormente.

Para Maria Berenice Dias, "nestas novas famílias, a tendência é considerar, ainda, como monoparental o vínculo do genitor com o seu filho, até porque o novo casamento dos pais não importa em restrições aos direitos e deveres com relação aos filhos" (DIAS, 2016, p. 141).

A simples configuração da família recomposta, por si só, não basta para caracterizar a filiação socioafetiva entre o filho havido do relacionamento anterior e o novo cônjuge ou companheiro que ingressa no núcleo familiar.

Contudo, caso presentes os requisitos necessários, pode restar caracterizada a filiação socioafetiva, podendo, inclusive, configurar a multiparentalidade, com a coexistência de pais e mães biológicos e socioafetivos.

Renata Barbosa de Almeida e Walsir Edson Rodrigues Júnior afirmam que:

> A convivência entre filho exclusivo de um e outro membro do casal, ou par, pode criar um vínculo afetivo correspondente à posse do estado de filho, o qual será hábil a instituir a relação jurídica filial, caso exista uma vontade inequívoca deste último sujeito de ver-se declarado pai ou mãe do primeiro. Neste caso, o pai ou mãe afim tornar-se-á pai ou mãe socioafetivo, adquirindo, a partir de então, uma série de direitos e deveres jurídicos que a mera afinidade não gerava. Dentre outros, alimentos, direitos sucessórios e o próprio poder familiar passam a ser considerados defensáveis (ALMEIDA, RODRIGUES JÚNIOR, 2010, p. 79).

Certo é que a família recomposta cresce a cada dia, pois o insucesso de um primeiro casamento, de que se originaram filhos, não é um empecilho para novos relacionamentos, nem para a constituição de um novo núcleo familiar.

Caracterizada a família recomposta, reflexos jurídicos consideráveis podem surgir, influenciando, diretamente, nas questões atinentes ao Direito de Família.

2.1.3.7 Família homoafetiva

O Supremo Tribunal Federal, no julgamento da Arguição de Descumprimento de Preceito Fundamental 132 (BRASIL, 2011) e da Ação Direta de Inconstitucionalidade 4.277 (BRASIL, 2011), reconheceu como entidade familiar a união homoafetiva entre companheiros do mesmo sexo, que possuam uma convivência pública, contínua e duradoura, com o objetivo de constituir família.

Após o julgamento das ações de controle abstrato, o STF entendeu que, para a configuração da família, não é mais necessária a diversidade de sexo entre os participantes da relação.

O ministro relator Ayres Brito afirmou que:

> O *caput* do art. 226 confere à família, base da sociedade, especial proteção do Estado. Ênfase constitucional à instituição da família. Família em seu coloquial ou proverbial significado de núcleo doméstico, pouco importando se formal ou informalmente constituída, ou se integrada por casais heteroafetivos ou por pares homoafetivos. A Constituição de 1988, ao utilizar-se da expressão "família", não limita sua formação a casais heteroafetivos nem à formalidade cartorária, celebração civil ou liturgia religiosa. Família como instituição privada que, voluntariamente constituída entre pessoas adultas, mantém com o Estado e a sociedade civil uma necessária relação tricotômica. Núcleo familiar que é o principal lócus institucional de concreção dos direitos fundamentais que a própria Constituição designa por "intimidade e vida privada" (inciso X do art. 5º). Isonomia entre casais heteroafetivos e pares homoafetivos que somente ganha plenitude de sentido se desembocar no igual direito subjetivo à formação de uma autonomizada família. Família como figura central ou continente, de que tudo o mais é conteúdo. Imperiosidade da interpretação não reducionista do conceito de família como instituição que também se forma por vias distintas do casamento civil. Avanço da CF de 1988 no plano dos costumes. Caminhada na direção do pluralismo como categoria sócio-político-cultural. Competência do STF para manter, interpretativamente, o Texto Magno na posse do seu fundamental atributo da coerência, o que passa pela eliminação de preconceito quanto à orientação sexual das pessoas (BRASIL, 2011).

E como forma de se evitar uma interpretação reducionista do conceito de família e se vedar um discurso preconceituoso e homofóbico, o ministro relator asseverou que:

> Assim interpretando por forma não reducionista o conceito de família, penso que este STF fará o que lhe compete: manter a Constituição na posse do seu fundamental atributo da coerência, pois o conceito contrário implicaria forçar o nosso Magno Texto a incorrer, ele mesmo, em discurso indisfarçavelmente preconceituoso ou homofóbico. Quando o certo – data vênia de opinião divergente – é extrair do sistema de comandos da Constituição os encadeados juízos que precedentemente verbalizamos, agora arrematados com a proposição de que a isonomia entre casais heteroafetivos e pares homoafetivos somente ganha plenitude de sentido se desembocar no igual direito subjetivo à formação de uma autonomizada família (BRASIL, 2011).

O Supremo Tribunal Federal reconheceu como entidade familiar a união formada por pessoas do mesmo sexo, pois, no âmbito do Direito de Família, vigora um sistema de inclusão, independentemente da opção sexual dos indivíduos.

Assim, não é mais um requisito indispensável para a configuração da união estável a diversidade de sexo, sendo considerado família, sujeita a direitos e deveres, o núcleo formado por pessoas homossexuais.

A união homoafetiva é entidade familiar quando preencher os requisitos de afetividade, estabilidade e ostensibilidade da relação e tiver como objetivo a constituição de família. A norma de inclusão do art. 226 da Constituição da República Federativa do Brasil só poderia ser excepcionada se houvesse outra norma explícita de exclusão da tutela das uniões homossexuais. Portanto, a Constituição não veda o relacionamento entre pessoas do mesmo sexo, com finalidades familiares (LOBO, 2018, p. 64).

Uma vez reconhecida como entidade familiar, a união homoafetiva, assim como a heteroafetiva, é considerada família para todos os efeitos legais, sem qualquer tipo de discriminação ou diferenciação.

Aliás, o reconhecimento da união homoafetiva é de suma importância para que também se reconheçam direitos ao poliamor, uma vez que os membros da relação, que envolve mais de dois participantes, no caso da união poliafetiva, ou mais de dois relacionamentos concomitantes, no caso da união simultânea, poderão se relacionar com parceiros do mesmo sexo ou do sexo oposto.

2.1.3.8 Família unipessoal

Também pode ser considerada família a entidade formada por uma pessoa sozinha, independentemente da existência de outros indivíduos compondo o núcleo familiar.

Como a família é instrumental, servindo de meio para obtenção da felicidade, torna-se perfeitamente possível a configuração de uma entidade familiar composta por uma única pessoa.

Há uma tendência na configuração da família unipessoal, em função da queda da fecundidade, na redução no número de moradores por domicílio, no crescimento do número de residências com apenas um morador, no aumento da expectativa de vida, especialmente entre as mulheres, e o fato de a atividade econômica ter propiciado uma independência financeira para os jovens adultos que acabam optando por morar fora da casa dos pais (COSTA, 2011).

Cresce a cada dia o número de pessoas que passam a morar sozinha, em razão de diversos fatores sociais que influenciam na escolha por uma vida solitária.

Segundos dados do Instituto Brasileiro de Geografia e Estatística, em 2015, mais de 10,4 milhões de pessoas moravam sozinhas no Brasil. De acordo com os dados da Síntese de Indicadores Sociais, em uma década, houve um aumento de 4,4 milhões nesse grupo (BRETAS, 2016).

Ainda que ausente a pluralidade de indivíduos, a pessoa sozinha pode ser considerada uma família, sendo-lhe assegurados todos os direitos resguardados a uma entidade familiar.

Seguindo este entendimento, o Superior Tribunal de Justiça editou a Súmula 364, estabelecendo que "O conceito de impenhorabilidade de bem de família abrange também o imóvel pertencente a pessoas solteiras, separadas e viúvas" (BRASIL, 2008).

O STJ, entendendo que a pessoa que mora sozinha configura uma entidade familiar, reconheceu o direito à impenhorabilidade do bem de família, previsto no art. 1º, da Lei n. 8.009/90 (BRASIL, 1990).

No Julgamento do Recurso Especial n. 182. 223 (BRASIL, 1999), que precedeu a edição da Súmula 364 (BRASIL, 2008), o ministro relator Luiz Vicente Cernicchiaro afirmou que:

> A Lei n. 8.009/90, no art. 1º, precisa ser interpretada consoante o sentido social do texto. Estabelece limitação à regra draconiana de o patrimônio do devedor responder por suas obrigações patrimoniais. O incentivo à casa própria busca proteger as pessoas, garantindo-lhes o lugar para morar. Família, no contexto, significa instituição social de pessoas que se agrupam, normalmente por laços de casamento, união estável, ou descendência. Não se olvidem ainda os ascendentes. Seja o parentesco civil, ou natural. Compreende ainda a família substitutiva. Nessa linha, conservada a teleologia da norma, o solteiro deve receber o mesmo tratamento. Também o celibatário é digno dessa proteção. E mais. Também o viúvo, ainda que seus descendentes hajam constituído outras famílias, e como, normalmente acontece, passam a residir em outras casas. "Data venia", a Lei n. 8.009/90 não está dirigida a número de pessoas. Ao contrário – à pessoa. Solteira, casada, viúva, desquitada, divorciada, pouco importa. O sentido social da norma busca garantir um teto para cada pessoa. Só essa finalidade, "data venia", põe sobre a mesa a exata extensão da lei. Caso contrário, sacrificar-se-á a interpretação teleológica para prevalecer a insuficiente interpretação literal (BRASIL, 1999).

No julgamento do Recurso Especial n. 205.170, o Superior Tribunal de Justiça estendeu a impenhorabilidade do bem de família aos móveis que guarnecem o lar daqueles que residem sozinhos

(BRASIL, 1999), equiparando, assim, a pessoa solteira, separada ou viúva, a uma entidade familiar.

O ministro relator Gilson Dipp argumentou que:

> Todavia, no que pertine ao conceito de entidade familiar, nota-se que a interpretação teleológica conduz ao inarredável entendimento de que a disposição dos artigos 1° da Lei 8009/90 e 226 §4° incluem as diferentes modalidades de constituição de famílias espelhadas pela sociedade, não se podendo olvidar a proteção legal ao núcleo familiar constituído pela pessoa solteira, separada, viúva, etc., ainda que, excepcionalmente, vivam estas sozinhas. Com efeito, não soa razoável o juízo de que instantaneamente, por exemplo, em razão do óbito ou da separação do casal, ou do afastamento do filho que reside com um dos pais, o que antes constituía uma entidade familiar, passe a não mais suprir este conceito. Na hipótese, a interpretação do artigo 1°, da Lei 8009/90, há que ser deduzida com prevalência de sua finalidade social, exegese que deve se sobrepor à mera interpretação literal de seus dispositivos (BRASIL, 1999).

Assim, a pessoa que vive sozinha, em respeito ao valor constitucional supremo da Dignidade da Pessoa Humana, configura a família unipessoal, sendo-lhe assegurados todos os direitos garantidos a uma entidade familiar, inclusive a impenhorabilidade do imóvel de sua residência e os bens que guarnecem o lar.

2.1.3.9 Família multiespécie

Pode também ser considerado uma família o núcleo formado pela pessoa que reside juntamente com seu animal de estimação.

O vínculo afetivo formado entre seres humanos e animais de estimação pode vir a configurar a denominada família multiespécie (PEREIRA, 2018).

Configurada a família multiespécie, surge uma discussão sobre a natureza jurídica do animal de estimação, se seria apenas propriedade de seu dono ou se se trata de um sujeito de direitos.

O Superior Tribunal de Justiça, no julgamento do Recurso Especial (RE) n. 1.713.167-SP, entendeu que na "dissolução de entidade familiar, é possível o reconhecimento do direito de visita a animal de estimação adquirido na constância da união estável, demonstrada a relação de afeto com o animal" (BRASIL, 2018).

O ministro relator afirmou que:

> Inicialmente cumpre salientar que o fato de o animal ser tido como de estimação, recebendo o afeto da entidade familiar, não pode vir a alterar sua substância, a ponto de converter a sua natureza jurídica. No entanto, possuem valor subjetivo único e peculiar, aflorando sentimentos bastante íntimos em seus donos, totalmente diversos de qualquer outro tipo de propriedade privada (BRASIL, 2018).

Não se considera, portanto, o semovente um sujeito de direito, mas também não lhe emprega o mesmo tratamento dado aos objetos, sem levar em consideração o afeto e o bem-estar do animal de estimação.

O Tribunal de Justiça do Rio de Janeiro, no julgamento da apelação civil 0019757-79.2013.8.19.0208, em que se discutia partilha de bens após a dissolução de união estável envolvendo animal de estimação, reconheceu o direito da mulher de ficar com a posse do cachorro de estimação, de forma a manter convívio com quem tinha uma maior proximidade com o animal (BRASIL, 2015).

O desembargador relator asseverou que o "semovente, por sua natureza e finalidade, não pode ser tratado como simples bem a ser hermética e irrefletidamente partilhado, rompendo-se abruptamente o convívio até então mantido com um dos integrantes da família" (BRASIL, 2015).

Assim, as cortes julgadoras estão dando ao animal de estimação um tratamento "sui generis", que mescla o Direito de Propriedade, com alguns princípios e regras do Direito de Família.

A família multiespécie vem justamente nesta linha de pensamento, de que o amor e o afeto entre o homem e o animal podem vir a configurar um núcleo familiar diverso do tradicional.

3

POLIAMOR:

PLURALIDADE SINCRÔNICA DE AMORES COMO PRESSUPOSTO DAS UNIÕES SIMULTÂNEAS E POLIAFETIVAS

O poliamor surge em um contexto social em que a monogamia e a fidelidade não são mais consideradas pressupostos necessários para as relações amorosas. O amor passar a ser visto de outra forma e sob outro ângulo.

A ideia de unicidade do amor vem perdendo força, revolucionando, de certa forma, os relacionamentos amorosos. A concepção de que o amor se limita a uma única pessoa, em um mesmo período de tempo, começa a dar lugar para um pensamento inovador de que podem coexistir diversos amores, que não se excluem. Surge, assim, o poliamor.

Etimologicamente a palavra "poliamor" se divide na expressão grega *poli*, correspondente a muito ou vário e *amore* que, no latim, significa amor (VIEGAS, 2017, p. 236).

Parte-se da premissa de que o amor não tem de se limitar a uma só pessoa, permitindo que haja uma pluralidade sincrônica de amores em uma única relação ou em mais de um relacionamento.

A ideia do poliamor decorre de uma conclusão corajosa e arrojada de que se pode amar mais de uma pessoa ao mesmo tempo; afinal de contas, ninguém é de ninguém (VIEGAS, 2017, p. 236).

O poliamor vem quebrando paradigmas e superando valores ao propor que o amor não tem de se limitar a barreiras e não tem de se adequar a um protótipo de sentimento que a sociedade impõe como correto.

Regina Navarro Lins afirma que:

> No poliamor uma pessoa pode amar seu parceiro fixo e amar também as pessoas com quem tem relacionamento extraconjugais, ou até mesmo ter relacionamentos amorosos múltiplos em que o sentimento de amor recíproco entre todos os envolvidos. Os poliamoristas argumentam que não se trata de procurar obsessivamente novas relações pelo fato de ter essa possibilidade sempre em aberto, mas sim de viver naturalmente tendo essa liberdade em mente (LINS, 2013, p. 401).

Não se trata, portanto, de um mero fetiche ou simples desejo de se relacionar sexualmente com terceiros, ou com várias pessoas ao mesmo tempo, mas sim da possibilidade de multiplicar o amor em uma relação plúrima, aberta e democrática.

Há diversas formas de relacionamentos poliamoristas, sendo que as mais comuns são: o poliamor platônico, em que não há relação sexual; a polifidelidade, em que há um relacionamento com diversos participantes que são fiéis aos parceiros daquela relação, limitando-se as relações sexuais aos membros do relacionamento; o poliamor aberto, em que os parceiros não se importam com as relações extraconjugais; o poliamor mono/poli, quando o parceiro mono ou poligâmico permite que o companheiro tenha relações fora do relacionamento (VIEGAS, 2017, p. 240).

As relações pautadas no poliamor, independentemente da espécie, superam o pensamento de que o amor é único e indivisível e que a existência de outros relacionamentos despertará ciúmes entre os participantes da relação.

O poliamor aceita o fato de que todos têm sentimentos pelas pessoas que os rodeiam e, como nenhum relacionamento está posto em causa pela mera existência de outro, o ciúme não tem lugar nesta forma de relação (LINS, 2013, p. 401).

Os poliamoristas aceitam que seu parceiro se envolva com outras pessoas, sem que isso abale ou prejudique o relacionamento, pois neste modelo de relação, não existe sentimento de posse ou propriedade exclusiva de uma pessoa.

A filosofia adotada no poliamor considera precipuamente que o amor não deve excluir o mundo ou as pessoas a seu redor. Seus adeptos defendem a lógica de que os indivíduos podem amar e ser amados por mais de uma pessoa simultaneamente, de forma transparente e sem qualquer culpa (VIEGAS, 2017, p. 243).

Aos poucos, o conceito tradicional de amor vai se modificando, refletindo uma natural mudança da perspectiva social. A procura pela felicidade segue as particularidades individuais de cada um e, como consequência, a preocupação com o pensamento alheio deixa de determinar atos e condutas.

O poliamor segue justamente nessa linha de raciocínio, pois o sentimento passa a ser individualizado, permitindo que as pessoas ajam da forma que melhor atenda seus interesses. O preconceito deixa de restringir o amor e limitar as relações amorosas.

Certo é que o poliamor cresce a cada dia e vai repercutindo de forma direta na formação de novas famílias.

O Direito, como instrumento regulador de condutas sociais, deve se adaptar às mudanças que ocorrem na sociedade, devendo reconhecer e regulamentar todos os modelos de família, independentemente da forma de configuração.

3.1 DISTINÇÃO ENTRE UNIÕES SIMULTÂNEAS E POLIAFETIVAS

Muito embora grande parte da doutrina insista em afirmar que o poliamor é sinônimo de uniões poliafetivas, pode-se perfeitamente adotar entendimento diferente, dando-lhe uma interpretação mais abrangente.

Pode-se considerar o poliamor um gênero, sendo as uniões simultâneas e poliafetivas suas espécies.

O poliamor se traduz na possibilidade de haver mais de um amor em um mesmo período de tempo, abrangendo as uniões poliafetivas, em que há uma única relação, com diversos participantes que se relacionam sexualmente ou afetivamente entre si, e as uniões simultâneas, em que existem relacionamentos paralelos, em que um dos membros está presente em todos eles.

Caso haja publicidade e estabilidade dos relacionamentos paralelos, ou de uma só relação com diversos participantes, e esteja presente a intenção de constituir família, o poliamor pode vir a configurar as famílias simultâneas ou poliafetivas.

A união poliafetiva envolve apenas um núcleo familiar, com diversos participantes que se relacionam mutuamente e que têm a intenção de constituir uma única família. Para a sua configuração, não é necessário que os membros se relacionem sexualmente entre si, bastando que haja afeto entre todos os envolvidos para a caracterização da entidade familiar.

Caso haja filhos havidos da união poliafetiva, pode-se perfeitamente aplicar o instituto da multiparentalidade, com pluralidade de mães e pais, biológicos e socioafetivos, conforme decisão proferida pelo Supremo Tribunal Federal, no julgamento do Recurso Extraordinário n. 898.060 (BRASIL, 2016).

Embora não exista qualquer regulamentação legal, deve-se reconhecer direitos as uniões poliafetivas, evitando, assim, enriquecimento ilícito por parte de um dos membros da relação ou prejuízo aos filhos advindos da união.

Maria Berenice Dias ensina que:

> Eventual rejeição de ordem moral ou religiosa à dupla conjugalidade não pode gerar proveito indevido ou enriquecimento injustificável de um ou de mais de um frente aos outros partícipes da união. Negar a existência de famílias poliafetivas como entidade familiar é simplesmente impor a exclusão de todos os direitos no âmbito do direito das famílias e sucessório. Pelo jeito, nenhum de seus integrantes poderia receber alimentos, herdar, ter participação sobre os bens adquiridos em comum. Nem seria sequer possível

> invocar o direito societário com o reconhecimento de uma sociedade de fato, partilhando-se os bens adquiridos na sua constância, mediante a prova da participação efetiva na constituição do acervo patrimonial (DIAS, 2015, p. 139).

Em relação às uniões poliafetivas, cabe destacar que o Conselho Nacional de Justiça, por maioria, julgou procedente o pedido de providência n. 0001459-08.2016.2.00.0000, formulado pela Associação de Direito de Família e Sucessões, vedando que os Cartórios de Notas lavrem escritura pública de união estável entre mais de duas pessoas (BRASIL, 2018).

O Conselho Nacional de Justiça levou em consideração aspectos de cunho moral e uma suposta imaturidade social ao não reconhecer as uniões poliafetivas como entidade familiar.

O conselheiro João Otávio de Noronha argumentou que as uniões formadas por mais de duas pessoas sofrem forte repulsa social, sendo que os poucos casos existentes no país não refletem a posição consolidada da sociedade sobre o tema (BRASIL, 2018).

Argumentou, ainda, que a sociedade brasileira não incorporou a união poliafetiva como entidade familiar, dificultando o reconhecimento como espécie de família, dessa modalidade de relacionamento que ainda carece de maturação (BRASIL, 2018).

Em nenhum momento, o Conselho Nacional de Justiça levou em consideração o desejo de quem opta por constituir uma união poliafetiva, limitando-se a afirmar que a sociedade ainda não está preparada para aceitar essa forma de relação.

Ocorre que o Conselho Nacional de Justiça não tem natureza jurisdicional, já que suas atribuições se restringem ao controle da atuação administrativa e financeira do Poder Judiciário (BRASIL, 1988). Como as decisões do CNJ não têm força de coisa julgada, nem efeito vinculante, nada impede que a justiça possa vir a reconhecer a união poliafetiva como entidade familiar.

A união poliafetiva, assim como uma simples união estável entre duas pessoas, é um fato da vida, não dependendo de qualquer formalidade para sua configuração.

Desde que presentes os requisitos como a continuidade, publicidade e durabilidade do vínculo, além do objetivo de constituir família, a união entre três ou mais pessoas deve ser reconhecida como entidade familiar.

Já as uniões simultâneas envolvem a situação em que uma pessoa que já integra um núcleo familiar, constitui outras famílias, na constância da primeira. Neste caso, existem famílias paralelas, em que um dos membros está presente em todas elas.

A simultaneidade familiar refere-se à circunstância de alguém se colocar ao mesmo tempo como componente de duas ou mais entidades familiares diversas, em uma pluralidade sincrônica de diferentes núcleos que têm um membro em comum (PIANOVSKI, 2006).

A constituição de uma segunda família na constância da primeira sempre foi objeto de discussão na doutrina e na jurisprudência.

Desde a Constituição da República de 1988, abriu-se controvérsia acerca da possibilidade jurídica de uniões estáveis paralelas, tendo em vista a inexistência de regra expressa na legislação. Três correntes se formaram em relação à segunda união: a primeira, que se trataria de união ilícita, não gerando repercussão jurídica; a segunda, que seria apenas sociedade de fato, resolvendo-se o conflito no plano do direito das obrigações; a terceira, que constituiria idêntica união estável em relação à primeira união, portanto com natureza de entidade familiar (LOBO, 2018, p. 130).

A terceira corrente se mostra mais adequada, pois havendo boa-fé, a segunda união deve ser reconhecida, gerando todos os reflexos jurídicos decorrentes da configuração de uma entidade familiar.

As uniões simultâneas, dependendo das peculiaridades de cada caso, podem se dividir em uniões consentidas ou união putativa.

Nas uniões simultâneas consentidas, todos os participantes têm conhecimento e consentem, expressa ou tacitamente, sobre a existência de outros núcleos familiares paralelos.

Como está presente a boa-fé entre todos os envolvidos, devem-se reconhecer direitos e obrigações a todos que integram as uniões.

Por outro lado, na união simultânea putativa, existem duas uniões paralelas, mas o companheiro da segunda união não tem conhecimento da união anterior. Aqui, uma pessoa que tinha uma família constitui uma segunda união, sem que este novo companheiro saiba da existência da primeira família.

Neste caso, o companheiro da segunda união é enganado e, por agir de boa-fé, não pode ser prejudicado pela conduta daquele que omitiu a existência de um núcleo familiar pretérito. Portanto, o companheiro que integra a segunda família deve ter todos os direitos reconhecidos.

Diferentemente é a situação do companheiro da segunda união que age de má-fé, ciente de que a pessoa com quem se relaciona tem outra família, que não sabe desta nova união. Aqui, trata-se de um mero concubinato, que não enseja proteção legal.

Certo é que, independentemente da configuração das uniões poliafetivas ou simultâneas, consentidas ou putativas, presente a boa-fé, deve-se reconhecer direito e obrigações a seus membros, garantindo, assim, a autonomia privada e a livre liberdade de escolha.

3.2 O poliamor em outros países

Em determinados países, o poliamor é uma prática habitual e recorrente, fazendo parte dos costumes da comunidade e constando expressamente na legislação local.

No Nepal, em pequenas comunidades tribais, é comum uma mulher, ao se casar com um homem, levar consigo o irmão dele. A justificativa é econômica. Como existem poucas terras, os irmãos preferem dividir a mesma mulher a ter de repartir os escassos bens da família. Nos grupos xerpas, por exemplo, que vivem no nordeste do país, dois homens podem ter a mesma esposa. Se a família é composta de três irmãos, o costume manda que o do meio se torne monge. Se são quatro os filhos homens, eles podem se dividir e cada dupla casar com uma mulher (IBDFAM, 2007).

Na Tanzânia, onde a maioria da população vive em zonas rurais, é obrigatório que os casamentos sejam registrados e, no momento do registro, sejam declarados monogâmicos ou poligâmicos. Para a união mudar de *status*, deve haver consentimento do marido e da mulher (IBDFAM, 2007).

Na Arábia Saudita, é permitido o casamento poligâmico, desde que o marido trate suas esposas com igualdade. Consta expressamente do Alcorão "Casai com quantas mulheres quiserdes, 2, 3 ou 4; mas, se temeis não poder tratá-las com equidade, então tende uma só" (IBDFAM, 2007).

No Iêmen, a poligamia é autorizada em termos parecidos com os sauditas. É permitida, desde que o homem possa tratar bem todas as suas mulheres, o que restringe a prática aos homens de uma melhor condição financeira. Além disso, há algumas regras a serem observadas na família iemenita. Uma delas diz que a primeira esposa tem sempre a última palavra. É ela quem autoriza, ou não, o marido a procurar outras mulheres para viver com eles sob o mesmo teto (IBDFAM, 2007).

Nos Estados Unidos, a lei do país proíbe a poligamia em todo o território. Mas ter várias mulheres foi, até meados do século passado, uma questão de fé para os mórmons, seguidores da Igreja de Jesus Cristo dos Santos dos Últimos Dias (IBDFAM, 2007).

Na religião mórmon, o casamento com várias esposas era permitido e recomendado, pois havia até a promessa de que o polígamo seria um rei no céu. Diante da pressão feita pela sociedade americana, a poligamia sucumbiu e, hoje, a comunidade mórmon pune o homem ou a mulher que não for fiel ao parceiro (IBDFAM, 2007).

Mas na cidade de Hildale, no Estado de Utah, existe uma comunidade polígama. Para driblar a lei, os homens se casam legalmente apenas com a primeira esposa, e o casamento com as demais é realizado apenas em cerimônias religiosas, de uma seita chamada Igreja Fundamentalista (IBDFAM, 2007).

Portanto, em outros países o poliamor é uma prática comum e, além de fazer parte dos costumes, é reconhecido pelo Direito local.

4

PRINCÍPIOS APLICÁVEIS AO POLIAMOR

O reconhecimento jurídico do poliamor passa necessariamente pela análise de diversos princípios constitucionais e legais que, interpretados conjuntamente, auxiliam no reconhecimento jurídico das uniões simultâneas e poliafetivas.

Pode-se afirmar, em síntese, que os princípios da dignidade da pessoa humana, afetividade, intervenção mínima do Estado no direito de família, autonomia privada, pluralidade das entidades familiares, boa-fé objetiva e Estado laico levam ao reconhecimento de direitos ao poliamor.

4.1 PRINCÍPIO DA DIGNIDADE DA PESSOA HUMANA

A CR estabelece que a dignidade da pessoa humana é um fundamento da república federativa do Brasil (BRASIL, 1988), além de ser considerada uma qualidade intrínseca do ser humano e um núcleo intangível dos direitos fundamentais.

O inciso III, do art. 1º, da Constituição da República, consagra a dignidade da pessoa humana como um fundamento da república, impondo ao Estado deveres de proteção e promoção do indivíduo (BRASIL, 1988).

Como a dignidade da pessoa humana existe independentemente de expressa previsão legal, podemos concluir que não se trata apenas de um direito, mas também de um atributo, pertencente a todo e qualquer cidadão.

A dignidade da pessoa humana também se enquadra como um valor supremo, intrínseco a todo ser humano, que determina nossas ações e define nossas condutas.

Jurandir Freire Costa ensina que "Dignidade é um valor, ou seja, uma ideia que prescreve finalidades da existência humana, que desenha um horizonte de sentido para nossas ações, pensamentos e sentimentos" (COSTA, 2006, p. 15).

A dignidade da pessoa humana, sendo um valor supremo do ser humano, impõe limites ao Estado, proibindo-o de estabelecer a forma ou o modo como as pessoas vão agir e viver.

Na configuração de uma família, a dignidade humana exerce papel de extrema importância, pois permite que as pessoas escolham o modo como constituirão uma entidade familiar, da maneira que melhor atenda suas vontades e interesses.

Aliás, a dignidade da pessoa humana tem influenciado no reconhecimento de um novo paradigma proposto pela família eudemonista, que busca a felicidade e a realização pessoal de seus membros, sendo a família considerada um instrumento para a satisfação dos desejos e anseios do indivíduo.

Em relação à família eudemonista, Maria Berenice Dias menciona que:

> O eudemonismo é a doutrina que enfatiza o sentido da busca pelo sujeito de sua felicidade. A absorção do princípio eudemonista pelo ordenamento altera o sentido da proteção jurídica da família, deslocando-o da instituição para o sujeito, como se infere da primeira parte do § 8º do art. 226 da CF: o Estado assegurará a assistência à família na pessoa de cada um dos que a integram (DIAS, 2015).

No caso do poliamor, seja união simultânea, seja poliafetiva, a dignidade da pessoa humana impõe que o Estado reconheça direitos e deveres àqueles que optaram por viver esta forma de relação.

Ao não reconhecer direitos ao poliamor, o Estado está interferindo indevidamente na esfera privada e ferindo, consequentemente, a dignidade de quem optou por constituir uma família pautada na pluralidade de amor e afeto.

Assim, a dignidade da pessoa humana serve como uma espécie de escudo protetor do indivíduo perante a tirania do Estado, garantindo ao cidadão o direito de escolher a forma de família que melhor atenda seus interesses.

Conclui-se, portanto, que a dignidade da pessoa humana é o princípio central, que norteia os demais, no eventual reconhecimento de direitos ao poliamor.

4.2 PRINCÍPIO DA INTERVENÇÃO MÍNIMA DO ESTADO NO DIREITO DE FAMÍLIA

O princípio da intervenção mínima do estado no Direito de Família tem profunda relevância no reconhecimento de direitos às famílias que vivem em poliamor, pois além de vedar que o Estado interfira no planejamento familiar, proíbe qualquer tipo de coerção por parte das instituições públicas.

O § 7º, do art. 226, da Constituição da República, estabelece que:

> Fundado nos princípios da dignidade da pessoa humana e da paternidade responsável, o planejamento familiar é livre decisão do casal, competindo ao Estado propiciar recursos educacionais e científicos para o exercício desse direito, vedada qualquer forma coercitiva por parte de instituições oficiais ou privadas (BRASIL, 1988).

O art. 1.513 do Código Civil, por sua vez, estabelece ser "defeso a qualquer pessoa, de direito público ou privado, interferir na comunhão de vida instituída pela família" (BRASIL, 2002).

O planejamento familiar é de livre decisão do casal, competindo ao Estado apenas propiciar recursos educacionais e financeiros para o exercício desse direito, sendo vedado qualquer tipo de coerção por parte de instituições privadas ou públicas (BRASIL, 2002).

Via de regra, não cabe ao Estado interferir no livre planejamento familiar, ditando a forma como a família deve ser constituída ou estabelecendo o modo como devem agir seus integrantes.

A intervenção do Estado na família só deve ocorrer em situações excepcionais, como nos casos em que os pais não cumprem adequadamente suas obrigações perante os filhos menores ou atuam com rigor excessivo na formação e educação da prole.

De acordo com Maria Berenice Dias: "O Estado é legítimo para se imiscuir no ambiente familiar com a finalidade de defender os menores que o habitam, fiscalizando o adimplemento de tal encargo, podendo suspender ou até excluir o poder familiar" (DIAS, 2009, p. 392).

A intervenção do Estado na família deve ser mínima, de forma a respeitar a autonomia privada e a livre liberdade de escolha.

Nas palavras de Pablo Stolze Gagliano e Rodolfo Pamplona Filho:

> Embora se reconheça o caráter muitas vezes publicístico das normas de direito de família, não se deve concluir, no entanto que o Estado deva interferir na ambiência familiar[...]. A Intervenção do Estado deve apenas e tão somente ter o condão de tutelar a família e dar-lhe garantias, inclusive de ampla manifestação de vontade e de que seus membros vivam em condições próprias a manutenção do núcleo afetivo. Essa tendência vem se acentuando cada vez mais e tem como marco histórico da Declaração Universal do Direito Homem, votada pela ONU em 10 de dezembro de 1948, quando estabeleceu em seu art. 16.3: A família é o núcleo natural e fundamental da sociedade e tem direito à proteção da sociedade e do Estado (GAGLIANO; PAMPLONA FILHO, 2012, p. 106).

Portanto, o Estado não deve intervir nas relações familiares, devendo atuar apenas como protetor e garantidor de direitos dos membros que integram uma família.

O princípio da intervenção mínima do Estado nas relações familiares determina que a intervenção estatal somente se justifica como meio garantidor da realização dos membros de uma família, devendo o Estado respeitar a autonomia privada e acatá-la como princípio fundamental (PEREIRA, 2008, p. 128).

Desta forma, não reconhecer as uniões simultâneas e poliafetivas como entidade familiar viola o princípio da intervenção mínima do Estado no Direito de Família, caracterizando uma indevida ingerência do poder público no livre planejamento familiar.

4.3 PRINCÍPIO DA AUTONOMIA PRIVADA

Outro princípio fundamental na busca pelo reconhecimento de direitos às uniões simultâneas e poliafetivas é a autonomia privada, que garante aos indivíduos escolherem a forma que melhor lhe convém para constituir uma família.

O princípio da intervenção mínima, somado à autonomia privada, permite que os membros de uma família desenvolvam livremente seus projetos de vida, somente sendo justificável a intervenção do Poder Público para assegurar e garantir direitos.

Nas relações familiares, a regra geral é a autonomia privada, com a liberdade de atuação do titular, pois a intervenção estatal somente será justificável quando for necessária para garantir os direitos de quem esteja necessitando. É o exemplo da atuação do Estado para impor a um relutante genitor o reconhecimento da paternidade de seu filho, por uma decisão judicial, em ação de investigação de paternidade. Também é o exemplo da imposição de obrigação alimentícia a um pai que abandona materialmente o seu filho. Nestas hipóteses, impõe-se a atuação estatal para evitar a violação frontal a direitos e garantias reconhecidas aos titulares (CHAVES; ROSENVALD, 2017, p. 125).

O princípio da autonomia privada, de ampla aplicação no Direito Civil, exerce profunda influência na formação dos vínculos familiares, pois leva em consideração a verdadeira intenção das pessoas que desejam constituir uma família.

O indivíduo tem total liberdade para constituir suas relações familiares e fazer suas escolhas individuais da maneira que achar mais adequada, sem que haja a imposição de limites por parte de instituições públicas ou privadas.

Portanto, pode-se afirmar que o não reconhecimento pelo Estado das famílias que vivem em poliamor, sejam as uniões simultâneas, sejam as poliafetivas, viola o princípio da autonomia privada e atenta, consequentemente, contra livre liberdade de escolha.

4.4 PRINCÍPIO DA AFETIVIDADE

Existe entendimento no sentido de que a afetividade, por apresentar características de um fato jurídico, não se enquadra como um princípio, não tendo, portanto, poder impositivo e imperativo.

Renata Barbosa de Almeida e Walsir Edson Rodrigues Júnior afirmam que:

> Imputar à afetividade tal predicado induz conferir à mesma característica imperativa. Salienta-se, mais uma vez, que os princípios jurídicos são normas e, por isso, de observância obrigatória. Nisso se assenta a dúvida. A afetividade é passível de cobrança? Pode-se impor a alguém que tenha e preste afeto a outro(s)? A resposta, crê-se, só pode ser negativa. Se o afeto é um sentimento de afeição para com alguém, soa intrínseca ao mesmo a característica da espontaneidade. É uma sensação que se apresenta, ou não, naturalmente. É uma franca disposição emocional para com o outro que não tolera variações de existência: ou há ou não há; e, tanto numa como outra hipótese, o é porque autêntico. Isso impede que, ainda que se pretenda, se possa interferir sob o propósito de exigibilidade nas situações em que ele não se apresenta autonomamente. Insistir nisso desvirtua a virtude do afeto. Uma vez imposto, não é sincero e, assim, não congrega as qualidades que lhes são próprias, dentre as quais o incentivo à sadia conformação da identidade pessoal dos envolvidos (ALMEIDA, RODRIGUES JUNIOR, 2010, p. 50).

Embora bem fundamentado o posicionamento que defende a ausência de caráter normativo do afeto, pode-se perfeitamente adotar entendimento contrário, no sentido de que a afetividade tem natureza principiológica, devendo ser considerada um princípio implícito extraído do ordenamento jurídico.

Apesar da falta de sua previsão expressa na legislação, percebe-se que a sensibilidade dos juristas é capaz de demonstrar que a afetividade é um princípio do nosso sistema. Como é cediço, os princípios jurídicos são concebidos como abstrações realizadas pelos intérpretes, a partir das normas, dos costumes, da doutrina, da jurisprudência e de aspectos políticos, econômicos e sociais (TARTUCE, 2012).

O afeto surge de um fato natural, assim como o amor nasce espontaneamente, mas a partir do seu surgimento, cria-se na outra parte uma legítima expectativa de seu cumprimento. Como consequência, surgem deveres, o que confere ao afeto força normativa e cogente.

O dano decorrente do descumprimento de um dever do afeto passa a ser indenizável, na medida em que a afetividade se enquadre como princípio jurídico e justifique a reparação civil de quem foi lesado.

O princípio da afetividade é de suma importância para o Direito de Família e mostrou-se essencial para o reconhecimento de novos núcleos familiares que foram surgindo ao longo do tempo.

Em um primeiro momento, a família se constituía apenas pelo matrimônio e a filiação se restringia ao vínculo biológico. Posteriormente, outros núcleos, que não se originavam do casamento, foram surgindo e sendo reconhecidos pelo Direito. Da mesma forma ocorreu com a filiação, que antes se limitava ao vínculo consanguíneo e agora passa a abranger as relações pautadas pelo amor e pelo afeto.

No momento em que a família passou a ser identificada pela presença do afeto, os vínculos de parentalidade vêm sendo definidos pela identidade socioafetiva, e não apenas pela consanguinidade. Perdeu significado a verdade estritamente biológica, pois os modernos meios de reprodução assistida estão a exigir novos referenciais para o estabelecimento de laços de parentesco (DIAS, 2004, p. 19).

A afetividade decorre de um sentimento construído a partir da convivência em um ambiente em que o amor, o afeto, a solidariedade e o respeito predominam.

O afeto é construção cultural, que se dá na convivência, sem interesses materiais, que apenas secundariamente emergem quando ele se extingue, revelando-se em ambiente de solidariedade e responsabilidade. A afetividade, como todo princípio, ostenta fraca densidade semântica, que se determina pela mediação concretizadora do intérprete, diante de cada caso concreto. Pode ser assim traduzido, onde houver uma relação ou comunidade unidas por laços de afetividade, e sendo estes suas causas originária e final, haverá família (LOBO, 2018, p. 153).

O princípio da afetividade vem levando a uma quebra de paradigma no Direito de Família ao permitir o reconhecimento de direito às uniões homoafetivas, ao autorizar o reconhecimento da parentalidade socioafetiva e ao possibilitar a condenação por danos morais em abandono afetivo e em rompimento injustificado de noivado.

No caso de reconhecimento de direitos às uniões homoafetivas, o princípio da afetividade superou a expressa previsão legal, que reconhecia como união estável apenas o relacionamento vivido por pessoas de sexos distintos.

Também com base no princípio da afetividade, é possível a condenação de um genitor a pagar indenização por danos morais ao seu filho, em decorrência do abandono afetivo, pois é exigível o dever de zelo, cuidado e amor dos pais com a prole (BRASIL, 2017).

Da mesma forma, mostra-se possível condenar um ex-noivo a pagar indenização por danos morais à ex-nubente pela ruptura injustificada do noivado, às vésperas do casamento (RIO GRANDE DO SUL, 2019).

Em relação à parentalidade socioafetiva, sedimentou-se o entendimento de ser permitido o reconhecimento de filiação, independentemente da existência de vínculo biológico entre pais e filhos.

A filiação socioafetiva não está fundamentada no nascimento, mas somente em um ato de vontade, concretizada, cotidianamente, no tratamento e na relação em público, originando-se a partir de um respeito mútuo e de um tratamento recíproco entre pai e filho. É aquela que decorre da convivência cotidiana, uma construção habitual, não decorrendo da prática de um único ato (FARIAS; ROSENVALD, 2009).

O princípio da afetividade também foi levado em consideração pelo Supremo Tribunal Federal ao admitir a multiparentalidade, com a possibilidade de coexistência de mães e pais, biológicos e socioafetivos, desde que assegurado o melhor interesse do menor (BRASIL, 2016).

O STF entendeu que "A paternidade socioafetiva, declarada ou não em registro público, não impede o reconhecimento do vínculo de filiação concomitante baseado na origem biológica, com os efeitos jurídicos próprios" (BRASIL, 2016).

O reconhecimento de que a afetividade influencia na filiação e na formação de novos núcleos familiares é uma conquista da sociedade e influenciou significativamente na evolução do Direito de Família.

No caso do poliamor, o princípio da afetividade se mostra de suma importância, pois embora não exista regulamentação ou previsão legislativa, havendo amor e afeto e intenção de constituir família, as uniões simultâneas e poliafetivas devem ser reconhecidas como entidades familiares.

4.5 PRINCÍPIO DA PLURALIDADE DAS ENTIDADES FAMILIARES

No Brasil, durante décadas, o casamento era o único modelo de família juridicamente reconhecido pelo Estado.

Contudo, isso não impedia que outros arranjos familiares surgissem, pois a família sempre se encontrou em constante expansão.

Mesmo antes da Constituição da República de 1988, o princípio da pluralidade familiar já era uma realidade, pois o fato de a legislação prever apenas o casamento como modelo de família não impedia que outros núcleos familiares surgissem.

Várias áreas do conhecimento, que têm a família como objeto de estudo e investigação, identificam uma linha tendencial de expansão do que se considera unidade familiar. Na sociologia, na psicologia, na psicanálise e na antropologia, a família não se resumia à constituída pelo casamento, mesmo antes da Constituição da República de 1988, porque não estava delimitada pelo modelo legal, entendido, apenas, como um entre outros (LOBO, 2018, p. 58).

Com a Constituição da República, houve uma ampliação das modalidades de família previstas em lei, que passou a abranger, além do casamento, a união estável e a família monoparental (BRASIL, 1988). Ocorre que a família não se limita ao rol previsto na Constituição, abrangendo outras modalidades, mesmo que não haja expressa previsão legal. O rol do art. 226 da CR é exemplificativo, não restringindo ou limitando a formação de outras entidades familiares.

O princípio da pluralidade familiar vem justamente defender o reconhecimento de direitos às entidades familiares que não estão previstas em lei, permitindo, assim, a possibilidade de se reconhecer outras famílias, além daquelas constantes do texto constitucional.

Ensinam Carlos Cavalcanti de Albuquerque Filho e Rodrigo da Cunha Pereira que:

> Desde a Constituição Federal, as estruturas familiares adquiriram novos contornos. Nas codificações anteriores, somente o casamento merecia reconhecimento e proteção. Os demais vínculos familiares eram condenados à invisibilidade. A partir do momento em que as uniões matrimonializadas deixaram de ser reconhecidas como a única base da sociedade, aumentou o espectro da família. O princípio do pluralismo das entidades familiares é encarado como o reconhecimento pelo Estado da existência de várias possibilidades de arranjos familiares (ALBUQUERQUE FILHO; PEREIRA, 2002, p. 145).

A configuração da família vai se modificando na medida em que a sociedade vai se alterando, de modo que um rol taxativo de entidades familiares não atenderia os desejos e anseios dos indivíduos.

O fato de a CR prever expressamente o casamento, a união estável e a entidade monoparental, como modelos de família (BRASIL, 1988), não exclui a possibilidade de se reconhecer outras unidades familiares, ainda que não haja previsão legal específica.

Não se pode afirmar que o ordenamento somente destina tutela à família fundada no casamento ou na união estável entre homem e mulher, ou entidade formada por qualquer dos pais e seus descendentes, conforme consta expressamente do texto constitucional. O que o sistema jurídico protege, enquanto família, é a comunhão afetiva que promove a formação pessoal de seus componentes, seja sob qual forma esta se apresente, não sendo a expressão normativa que vem a razão para a tutela, o fundamento para o conceito de família (ALMEIDA; RODRIGUES JUNIOR, 2010, p. 52).

O conceito de família é abrangente e plural e engloba diversas modalidades, não se limitando àquelas previstas no art. 226 da Constituição da República (BRASIL, 1988).

Muito embora os núcleos familiares que surjam em decorrência do poliamor não tenham qualquer regulamentação legal, merecem ser juridicamente reconhecidos, pois vivemos em um sistema de inclusão, em que vigoram a família plural e suas diversas formas de constituição.

Mesmo não havendo previsão legal, as uniões simultâneas e poliafetivas devem ser reconhecidas, pois a pluralidade familiar abrange todas as formas de família, sem qualquer tipo de discriminação.

4.6 PRINCÍPIO DA BOA-FÉ OBJETIVA

A boa-fé objetiva surgiu inicialmente para regular as relações obrigacionais, vinculando as figuras do credor e devedor, que deveriam agir com integridade e probidade no cumprimento de suas obrigações.

Embora tenha surgido em um contexto exclusivamente negocial, gerando reflexos na interpretação contratual e estabelecendo deveres anexos aos contratantes, a boa-fé objetiva aos poucos foi ganhando roupagem de cláusula geral.

Atualmente, a boa-fé objetiva, além de cláusula geral, é considerada um princípio fundamental do direito privado, estabelecendo um padrão ético de conduta para as partes envolvidas em diversas espécies de relações jurídicas.

Discute-se se a boa-fé objetiva é aplicada no Direito de Família, por ser um ramo extremamente sensível com algumas particularidades que lhe diferenciam das demais ciências jurídicas.

Destaca-se, primeiramente, o entendimento tradicional de que a boa-fé objetiva restringe-se à seara obrigacional, estabelecendo deveres contratuais anexos, que foge do regramento atinente ao Direito de Família, que é pautado pelos sentimentos de amor e afeto.

Por outro lado, existe entendimento diverso de que a boa-fé objetiva não se limita ao campo obrigacional, sendo aplicada às relações existências, em especial, as familiares.

Fernanda Pessanha do Amaral Gurgel ensina que:

> Não obstante a tendência doutrinária e jurisprudencial de direcionar o princípio da boa-fé objetiva para o campo contratual, por tudo que se sustentou, é forçoso concluir que o referido princípio encontra grande reflexo nas relações jurídicas que não sejam de cunho meramente negocial e que envolva interesse "suprapessoais". É, pois, em vínculos jurídicos que envolvam valores relacionados ao bem comum e de caráter personalíssimo, tais como as relações familiares, que o dever de cooperação e a preservação da confiança alheia se fazem ainda mais necessária (GURGEL, 2008).

O entendimento de que a boa-fé objetiva não mais se restringe ao campo contratual, sendo exigida também nas relações existenciais e familiares, se mostra mais adequado, pois não se pode negar que no Direito de Família existem deveres de lealdade e transparência, que norteiam os atos e condutas praticadas pelos membros que integram uma entidade familiar.

Agora a boa-fé objetiva parece se direcionar à superação de sua última fronteira, as das relações existenciais. A gênese obrigacional do conceito não tem impedido sua invocação em divergências inteiramente distintas do campo patrimonial, com as quais habitualmente surgem no âmbito do Direito de Família (SCHREIBER, 2006, p. 128).

No Direito de Família, a boa-fé objetiva tem por finalidade vedar comportamentos lesivos, que prejudiquem direitos.

No poliamor, a boa-fé objetiva assume um papel de extrema importância, especialmente na configuração das uniões simultâneas, consentidas ou putativa.

Vale lembrar que as uniões simultâneas consentidas envolvem mais de um núcleo familiar, em que um dos membros constitui uma segunda família, sem perder o vínculo com a primeira, sendo que todos se conhecem e se aceitam, embora não se relacionem entre si.

Neste caso, a boa-fé objetiva consiste justamente no conhecimento e na concordância expressa ou tácita de todos, acerca de outras uniões paralelas vividas por um dos membros da família.

Na união simultânea putativa, existem duas uniões paralelas, mas o companheiro da segunda união não tem conhecimento da união anterior. Aqui, a boa-fé objetiva está presente na conduta do segundo companheiro, que constitui uma união, sem saber que a pessoa com quem se relaciona já integra outra família.

Caso o companheiro da segunda união tenha ciência de que a pessoa com quem se relaciona tem outra família, que ignora a existência desta nova união, não haverá boa-fé objetiva, e este novo núcleo não deve ser reconhecido.

Portanto, estando presente a boa-fé objetiva, deve ser assegurado o reconhecimento de direitos, independentemente de as famílias simultâneas se configurarem como uniões consentidas ou como união putativa.

4.7 PRINCÍPIO DO ESTADO LAICO

É importante mencionar ainda que a vedação ao reconhecimento de direitos ao poliamor tem evidente aspecto religioso, contrariando o princípio do estado laico, previsto no inciso I, do art. 19, da Constituição da República (BRASIL, 1988).

O princípio do estado laico proíbe que questões eminentemente religiosas interfiram na esfera pública, não podendo servir de fundamento ou argumento para vedar ou reconhecer direitos.

O Estado teocrático, em que os dogmas religiosos são transformados em normas estatais, aniquila as liberdades individuais em homenagem a um projeto manejado e controlado pelo poder hegemônico.

O reconhecimento de direitos às famílias que adotam o poliamor, sejam uniões simultâneas, sejam poliafetivas, deve levar em consideração tão somente a situação fática vivida pelos participantes da relação, sendo irrelevante qualquer análise de cunho religioso.

O não reconhecimento de direitos ao poliamor, por ter evidente caráter religioso, evidencia aspectos de teocracia e viola diretamente o princípio constitucional do estado laico.

É de se concluir, portanto, que referidos princípios, somados à livre liberdade de escolha, permitem que o indivíduo adote a modalidade de família que melhor lhe convém, devendo o Estado apenas garantir direitos e regulamentar deveres de quem optou por constituir esta forma de relação não convencional.

5

MONOGAMIA:

REGRA, PRINCÍPIO OU COSTUME? FUNDAMENTO PARA VEDAÇÃO AO RECONHECIMENTO JURÍDICO DO POLIAMOR?

O Supremo Tribunal Federal, no julgamento Recurso Extraordinário n. 397.762 (BRASIL, 2008) e do Mandado de Segurança n. 33.555 (BRASIL, 2015), negou o reconhecimento de direito às famílias simultâneas, sob o argumento de que vigora no ordenamento jurídico o princípio da monogamia, que veda as uniões paralelas ao casamento.

Ocorre que a natureza jurídica da monogamia é motivo de grande discussão, não havendo um posicionamento consolidado sobre o tema.

O inciso VI, do art. 1.521, do Código Civil, estabelece que as "pessoas casadas não podem casar", impedindo, portanto, a constituição de um novo matrimônio, por quem já é casado (BRASIL, 2002).

O art. 235 do Código Penal, por sua vez, estabelece ser crime, punido com pena de reclusão de dois a seis anos, a conduta de "Contrair alguém, sendo casado, novo casamento" (BRASIL, 1940).

A partir daí, surge a discussão sobre a natureza jurídica da monogamia, se seria regra, princípio ou costume.

Primeiramente, é preciso tecer uma diferenciação sobre normas, regras e princípios, seguindo a linha de raciocínio do neoconstitucionalismo, para depois analisarmos a natureza jurídica da monogamia.

Segundo Robert Alexy, "a norma assume um papel mais abrangente, não se restringindo apenas ao Direito" (ALEXY, 1986, p. 51). E complementa:

> O conceito de norma é um dos conceitos fundamentais da Ciência do Direito, talvez o mais fundamental de todos. Isso não significa que a utilização do termo "norma" se restrinja à Ciência do Direito. Tal palavra tanto quanto outras a ela relacionadas, como "regra", "mandamento" ou "preceito", são de uso corrente, não só na linguagem coloquial como também em outras ciências, como na Sociologia, na Etnologia, na Filosofia Moral e na Linguística (ALEXY, 1986, p. 51).

Na Ciência do Direito, a discussão ganha maior relevância, principalmente ao se tratar da distinção entre texto, norma, dispositivo, princípios e regras, e eventuais consequências jurídicas decorrentes desta diferenciação.

Não se pode considerar normas como textos nem o conjunto deles, mas sentidos construídos a partir da interpretação sistemática de textos normativos. Daí se afirma que os dispositivos se constituem no objeto da interpretação, e as normas, no seu resultado. O importante é que não existe correspondência entre norma e dispositivo no sentido de sempre que houver um dispositivo haverá uma norma, ou sempre que houver uma norma deverá haver um dispositivo que lhe serve de suporte (ÁVILA, 2005, p. 22).

Da intepretação de um texto extrai-se a norma, que é considerada como gênero, do qual princípios e regras são espécies.

Os princípios, por seu alto grau de abstração, são aplicados na maior medida do possível, de acordo com as peculiaridades do caso concreto, enquanto as regras, devido à sua exatidão, devem ser aplicadas em sua totalidade, caso se enquadrem em uma situação fática específica.

Segundo Robert Alexy:

> O ponto decisivo na distinção entre regras e princípios é que princípios são normas que ordenam que algo seja realizado na maior medida possível, dentro das possibilidades jurídicas e fáticas existentes. Princípios são, por conseguinte, mandamentos de otimização, que são caracterizados por poderem ser satisfeitos em graus variados e pelo fato de que a medida devida de sua satisfação não depende somente das possibilidades fáticas, mas também das possibilidades jurídicas. O âmbito das possibilidades jurídicas é determinado pelos princípios e regras colidentes. Já as regras são normas que são sempre satisfeitas ou não satisfeitas. Se uma regra vale, então, deve-se fazer exatamente aquilo que ela exige; nem mais, nem menos. Regras contêm, portanto, determinações no âmbito daquilo que é fática e juridicamente possível. Isso significa que a distinção entre regras e princípios é urna distinção qualitativa, e não urna distinção de grau (ALEXY, 1986, p. 92-91).

Quando se fala em poliamor, inevitavelmente surge o debate sobre a natureza jurídica da monogamia, havendo discussão se enquadraria como regra, de total aplicação caso haja subsunção do fato a norma, princípio, em que haverá ponderação de interesses nos casos de conflito, ou costume, que se altera de acordo com as peculiaridades de cada lugar.

O posicionamento de que a monogamia se enquadrara como regra se baseia no fato de o inciso VI, do art. 1.521, do Código Civil, trazer expressamente a vedação de que pessoas casadas não podem casar e o art. 1.727 do CC/02 prever que "as relações não eventuais entre o homem e a mulher, impedidos de casar, constituem concubinato" (BRASIL, 2002).

Seguindo este entendimento, Carlos Eduardo Pianovsky Ruzyk afirma que a monogamia "não se trata de um princípio do direito estatal de família, mas sim de uma regra restrita à proibição de múltiplas relações matrimonializadas, constituídas sob a chancela do Estado" (RUZYK, 2005).

A regra deve ser aplicada no exato termo de sua prescrição. Ou se aplica a regra em sua totalidade ou a afasta em sua inteireza. Se a monogamia fosse uma regra, de aplicação imperativa, todas as uniões simultâneas ou poliafetivas seriam sempre proibidas. Por outro lado, sendo a monogamia totalmente afastada, todas as uniões simultâneas ou poliafetivas seriam reconhecidas. Aplica-se a lógica do tudo ou nada.

Esse posicionamento não deve prosperar, pois será necessário analisar o caso concreto. O reconhecimento das uniões simultâneas e poliafetivas só ocorrerão em situações específicas, em que esteja presente uma série de fatores, principalmente a boa-fé dos envolvidos. Ausente a boa-fé, estará caracterizado um mero concubinato, que não enseja proteção legal.

Há também o entendimento de que a monogamia seria um costume, pois em alguns países orientais ela não é observada.

Esse entendimento também não deve ser adotado, pois nos países orientais a legislação é diferente dos demais, permitindo o casamento entre mais de duas pessoas. Trata-se de um regramento legal, e não de um costume local.

Existe também o posicionamento de que a monogamia é princípio jurídico, que se extrai do inciso VI, do art. 1.521 e do art. 1.727 do Código Civil (BRASIL, 2002).

Sendo princípio, a monogamia não só veda novo casamento de quem já é casado, como também proíbe, em tese, a constituição de nova união estável por quem tem união anterior. Ocorre que os princípios podem ser relativizados.

Havendo colisão entre princípios, deve ser realizado um sopesamento para ver qual deles prevalecerá, pois não há hierarquia entre normas principiológicas. Haverá uma ponderação de interesses para se chegar a uma solução justa e razoável.

O melhor entendimento é de que a monogamia se enquadra como princípio jurídico, devendo ser ponderada em determinadas circunstâncias. O fato de o Código Civil proibir novo casamento de quem já é casado e constar expressamente que relações não eventuais entre homem e mulher, impedidos de se casarem, constituem concubinato, não veda e nem reconhece, obrigatoriamente, e em todas as situações, as uniões simultâneas e poliafetivas. Deve-se analisar o caso concreto.

No caso do poliamor, sejam as uniões simultâneas, sejam as poliafetivas, haverá confronto entre a monogamia e os princípios da dignidade da pessoa humana, autonomia privada, intervenção mínima, pluralidade familiar, afetividade e boa-fé objetiva.

Neste confronto, a monogamia deve ceder para prevalecer os princípios que melhor atendam os interesses do indivíduo e sirvam como instrumento para a obtenção da felicidade e da realização pessoal.

6

A CONFIGURAÇÃO DO POLIAMOR

A origem do poliamor gera inúmeros debates no campo da filosofia, nos levando a uma reflexão sobre como as relações existências estão sendo influenciadas por uma mentalidade consumista que se aflora no século XXI.

Em uma sociedade em que tudo se mede pelo custo benefício, a busca pela felicidade acaba se confundindo com a procura por um desejado produto de consumo. Como consequência, surge uma cultura consumerista psicologizante, que reflete não só nas relações existências, mas também no amor, com o surgimento de uma nova forma de amar e de se relacionar.

A evolução da sexualidade também exerce influência preponderante na configuração do poliamor. A partir do momento em que a mulher conquistou espaço dentro da sexualidade, a ideia de isonomia de gêneros passou a prevalecer, repercutindo, diretamente, na formação e condução dos relacionamentos amorosos.

Neste capítulo, serão analisadas as influências que a cultura consumerista psicologizante, a tecnologia, a evolução da sexualidade e a emancipação sexual feminina exercem na configuração do poliamor.

6.1 A INFLUÊNCIA DA CULTURA CONSUMERISTA NA CONFIGURAÇÃO DO POLIAMOR

O final século XVIII ficou marcado pela Revolução Industrial, quando as pessoas passaram a migrar dos campos para as grandes cidades em busca de emprego e melhores oportunidades de vida.

A sociedade foi crescendo rapidamente e junto com ela houve um aumento substancial na produção e comercialização de produtos de consumo. O capitalismo ganhou força e o consumismo impulsivo passou a ser uma grande característica.

Em uma sociedade massificada, que tem como característica o consumo por impulso, vigora uma mentalidade consumista, em que a quantidade se sobressai à qualidade. Surge, assim, uma cultura consumerista psicologizante, que passa a influenciar nas relações sociais e amorosas.

A cultura consumerista psicologizante acaba gerando uma alteração da forma de pensar, sentir e viver. O amor, antes tido com um sentimento único, que durava pela vida toda, passa a ser interpretado de outra forma. O imediatismo tende a prevalecer, gerando reflexos considerais nos relacionamentos amorosos.

A ideia de amor único, eterno e imortal, devido à sua complexidade e dificuldade de concretização, começa a ser deixada de lado. Em seu lugar, surge uma tendência em se buscar a satisfação imediata do desejo, do que tentar encontrar, em meio à adversidade, o amor único e verdadeiro.

A busca pela satisfação instantânea do desejo e pela realização imediata do prazer acaba gerando enorme insegurança nas relações humanas, fazendo com que os laços afetivos, alicerce de um relacionamento sólido, fiquem cada vez mais frágeis.

A insegurança inspirada por essa condição estimula desejos conflitantes de estreitar vínculos e ao mesmo tempo deixá-los frouxos (BAUMAN, 2004).

Como consequência, a paixão e o amor acabam por se confundir, tornando ainda mais tênues e volúveis os relacionamentos amorosos.

Ocorre que o amor tem peculiaridades que o diferenciam de qualquer outro sentimento e, por ser inevitável e incondicional, se sustenta por si só, ainda que não haja reciprocidade.

A paixão, por sua vez, por ser intensa, costumeira e passageira, acaba se tornando um sentimento recorrente, nos convidando a seguidas tentativas.

Assim, cresce a cada dia o número de pessoas que tendem a chamar de amor mais de uma experiência de vida, não garantindo que o relacionamento que atualmente vivenciam é o último.

Zygmunt Bauman menciona que:

> [...] em vez de haver mais pessoas atingindo mais vezes os elevados padrões de amor, esses padrões foram baixados. Como resultado, o conjunto de experiências às quais nos referimos com a palavra "amor' expandiu-se muito. Noites avulsas de sexo são referidas pelo codinome "fazer amor" (BAUMAN, 2004, p. 19).

Acaba-se gerando uma efemeridade do amor, que deixa de ser um sentimento único, para criar uma constante expectativa de que outras experiências amorosas no futuro serão ainda mais estimulantes, excitantes e emocionantes.

Juras de amor eterno e constantes promessas de fidelidade se tornam cada vez mais raras, diante da incerteza de que aquele sentimento que lhes unem será para sempre.

Atualmente, "o conhecimento que se amplia juntamente com a série de eventos amorosos é o amor como episódios intensos, impactantes e curtos, desencadeado, *a priori*, de sua própria fragilidade de curta duração" (BAUMAN, 2004, p. 20).

O que se acaba agravando em uma cultura consumerista, que favorece o produto pronto, para a entrega imediata, e um prazer passageiro, que gere uma satisfação instantânea (BAUMAN, 2004, p. 21).

Até mesmo no amor, buscam-se resultados que não exijam esforços prolongados, pois o tempo tem se tornado cada vez mais curto em uma sociedade em que o imediatismo tende a prevalecer.

A promessa de aprender a amar é a oferta falsa e enganosa de construir a experiência amorosa à semelhança de outras mercadorias de consumo que fascinam e brilham aos olhos do consumidor. Prometem desejo sem ansiedade, esforço sem suor e resultado sem esforço (BAUMAN, 2004, p. 22).

Ao se buscar um produto pronto, que não demande sacrifício para sua conquista, estar-se-á obtendo, em vez de amor, uma simples satisfação do desejo, sentimentos que, embora pareçam similares, têm peculiaridades que os diferenciam.

O desejo se caracteriza pela vontade de consumir, absorver, ingerir e digerir, quase que em um mesmo momento, pois sua realização coincide com a própria aniquilação (BAUMAN, 2004, p. 23).

Já o amor traz consigo uma vontade de cuidar, zelar e preservar o objeto do cuidado, crescendo com sua aquisição e se realizando na sua durabilidade (BAUMAN, 2004, p. 24).

Ocorre que plantar, semear e cultivar demanda tempo e esforço, em uma época em que o longo prazo é cada vez mais curto, e que o impulso está incutido na conduta de quem busca no amor a felicidade plena.

Em uma metáfora sobre o "meio-termo emocional entre a liberdade de encontro e a seriedade de um relacionamento significativo", observa Catherine Jarvie (BAUMAN, 2004, p. 25):

> Seus olhos se cruzam numa sala lotada; o brilho da atração está lá. Você conversa, dança, ri, compartilha uma bebida ou uma piada. Quando se dá conta, um dos dois pergunta, na sua casa ou na minha? Uma noite pode virar uma semana, um mês, um ano ou mais (BAUMAN, 2004, p. 25).

Zygmunt Bauman, ao constatar que o impulso precede a conduta do consumidor e que a cultura consumerista tem cada vez mais influenciado os relacionamentos amorosos, propõe:

> Guiada pelo impulso (seus olhos se cruzam numa sala lotada), a parceira segue o padrão do shopping e não exige mais que as habilidades de um consumidor médio, modernamente experiente. Tal como outros bens de consumo, ela

> deve ser consumida instantaneamente (não requer maiores treinamentos nem uma preparação prolongada) e usada uma só vez, sem preconceito. É, antes de mais nada, eminentemente descartável (BAUMAN, 2004, p. 27).

Quando as mercadorias de consumo são consideradas defeituosas, podem ser trocadas por outras e ainda que cumpram sua finalidade, não se espera que permaneçam muito tempo em uso (BAUMAN, 2004, p. 28).

Assim, o que caracteriza o consumismo não é acumular patrimônio, mas usá-lo e descartá-lo a fim de abrir espaços para outros bens e usos.

Quando a qualidade de determinado produto ou bem de consumo decepciona, ou simplesmente não cumpra a finalidade projetada, procura-se a salvação na quantidade.

Com o relacionamento amoroso não é diferente, pois muitas vezes a quantidade de relações e a troca rotineira de parceiros vêm prevalecendo sobre o sonho de se ter um único amor realizado.

Os relacionamentos modernos vêm cada vez mais assumindo características de um investimento, em que há um mercado de operações e um trabalho de ponderar chances e avaliar riscos (BAUMAN, 2004).

No mercado de ações, os investidores se informam diariamente para saber se é hora de manter suas ações ou desfazê-las, com o único objetivo de obter lucro.

O relacionamento é um investimento como todos os outros, em que o "lucro esperado é a segurança em diversos sentidos, como socorro na aflição, companhia na solidão, consolo na derrota e aplausos na vitória" (BAUMAN, 2004, p. 28-29).

Ocorre que a visão do relacionamento como uma transação comercial não é a cura para a insônia, pois tanto a solidão quanto as relações amorosas produzem enorme insegurança (BAUMAN, 2004, p. 30).

Deste modo, vem ganhando cada vez mais força o "relacionamento de bolso", em que a conveniência e oportunidade se sobrepõem aos sentimentos irracionais.

As relações de bolso, "explica Catherine Jarvie, comentando as opiniões de Gillian Walton, do Guia Matrimonial de Londres, são assim chamadas porque você as guarda no bolso, de modo a poder lançar mão delas quando for preciso" (BAUMAN, 2004, p. 36).

Para o relacionamento de bolso se concretizar, "deve-se entrar na relação totalmente sóbrio e consciente, sem que haja uma súbita e torrente emoção que nos tira o folego e deixa o coração em pulos" (BAUMAN, 2004, p. 37).

Deve-se, ainda, mantê-lo do jeito que é, pois não precisa de muito tempo para que a conveniência o converta em seu oposto (BAUMAN, 2004, p. 37).

E, como ponto favorável ao relacionamento de bolso, é que só você está no controle e nele permanece por toda a curta vida dessa relação (BAUMAN, 2004, p. 37).

O relacionamento de bolso, produto de uma cultura consumerista, leva em conta apenas a conveniência, pois somente a comodidade é levada em consideração.

O pensamento de que o amor é único, exclusivo e singular, limitando-se a uma pessoa, está sendo deixado de lado e, assim como nas relações de consumo, em um simples estalar de dedos, é possível descartar um relacionamento como se joga fora um produto que cai em desuso.

Como consequência, acaba-se gerando um revezamento de parceiros e um rodízio de relacionamentos, colocando em dúvida a própria ideia de monogamia e fidelidade recíproca.

De certa maneira, a mentalidade consumista vem levando à configuração do poliamor, pois, ao invés de substituir uma pessoa por outra, acrescenta-se um novo membro na relação ou, simplesmente, multiplica os relacionamentos, que passam a existir conjuntamente.

Com isso, evitam-se o sofrimento e a desilusão da separação, pois, com uma nova pessoa integrando a relação, ou uma nova união concomitante, o antigo relacionamento, que antes se encontrava desgastado e fadado ao insucesso, pode vir a renascer.

Assim, com a influência da cultura consumerista psicologizante, ganha cada vez mais força o poliamor, sejam as uniões paralelas, sejam as poliafetivas, em que há multiplicidade do amor, diversidade de parceiros e boa-fé dos envolvidos.

6.2 A IMPORTÂNCIA DA EVOLUÇÃO DA SEXUALIDADE NA CONFIGURAÇÃO DO POLIAMOR

Como afirmou Levi-Stauss, o encontro dos sexos é o terreno em que a natureza e a cultura se deparam uma com a outra pela primeira vez, sendo o ponto de partida e a origem de uma sociedade civilizada (BAUMAN, 2004, p. 55).

Bauman explica que:

> O sexo é o primeiro ingrediente de que o homo sapiens foi naturalmente dotado, sobre o qual foram talhadas distinções artificiais, convencionais e arbitrárias – atividade básica de toda cultura (em particular, o ato fundador da cultura, a proibição do incesto: a divisão das fêmeas em categorias disponíveis e indisponíveis para a coabitação sexual) (BAUMAN, 2004, p. 55).

E afirma que de todas as tendências, inclinações e propensões dos seres humanos, o sexo é a mais óbvia, indubitável e, inconteste, social (BAUMAN, 2004, p. 55).

No estudo sobre a evolução da sexualidade, nos deparamos com os conceitos de *ars erotica* e *scientia sexualis*, para caracterizar dois grandes momentos históricos e diferenciar duas grandes culturas, em que se produziu uma verdade sobre o sexo.

Ars Erotica ou arte erótica caracteriza as práticas culturais das sociedades chinesas, indianas, japonesas, romanas, enquanto a *Scientia Sexualis* caracteriza o surgimento na Idade Moderna do estudo sobre a sexualidade, procedimento que se tornou hegemônico nos países ocidentais (WEISSHEIMER, 2018).

Na *ars erotica*, a verdade sobre o sexo decorre da busca pelo prazer a todo custo, superando a própria razão e compreensão do que é socialmente permitido ou proibido.

Na escola da *ars erotica*, a verdade é extraída do próprio prazer, encarado como prática e recolhido como experiência, não tendo por referência uma regra absoluta do permitido e do proibido, nem um critério de utilidade é levado em consideração, mas, ao contrário, em relação a si mesmo. No prazer, analisa apenas sua intensidade, sua qualidade específica, sua duração, suas reverberações no corpo e na alma (FOUCAULT, 1988, p. 57).

O Kama Sutra retrata um pouco da cultura que vigorava na *ars erotica*, sendo uma espécie de guia orientador das práticas sexuais nos países orientais (VĀTSYĀYANA 1988, p. 31).

Felipe Salvador Weissheimer afirma que: "O ato sexual instituído no Kama-sutras é um exemplo característico da *ars erotica* observado por Foucault. Entretanto, a análise dos Kama-sutras possibilita ampliarmos os estudos de Foucault e entendermos as práticas sexuais eróticas orientais" (WEISSHEIMER, 2018).

Ocorre que o Kama Sutra impôs certos limites que ainda não eram abrangidos pela escola da *ars erotica*, restringindo, de certa forma, algumas práticas sexuais, pois a religião e a busca pelo bem-estar exerciam uma espécie de limitação do desejo sexual.

O criador do Kama Sutra, Vātsyāyana, ensina que:

> Aquele que conhece os verdadeiros princípios da ciência (Kama), respeita Dharma (dever religioso), Artha (bem-estar mundano) e Kama (a vida dos sentidos) bem como os ensinamentos de outro, não se deixando conduzir apenas pelos ditames de seus próprios desejos (VĀTSYĀYANA, 1988, p. 31).

Portanto, pode-se afirmar que o Kama Sutra representou um elo entre a *ars erotica* e a *scientia sexualis*, sendo uma ponte entre a irracionalidade sexual absoluta e a racionalidade que baliza do sexo.

A *scientia sexualis*, por sua vez, opõe-se culturalmente à *ars erotica*, estabelecendo parâmetros do que é aceitável ou inaceitável, dentro de um padrão de normalidade.

Ocorre que, para excluir o inaceitável, é preciso estudá-lo conscientemente, característica marcante da *scientia sexualis* que, segundo Bauman, "prometia livrar o *homini sexualis* (atividade sexual humana), de sua miséria" (BAUMAN, 2004, p. 56).

Com o passar dos anos, o sexo foi ganhando *status* de ciência, e vários estudos sobre a sexualidade humana foram sendo desenvolvidos.

Um estudo de extrema importância que revolucionou a sexualidade foi o do médico alemão Ernst Gräfenberg, que conclui pela existência no corpo feminino de uma zona erógena capaz de proporcionar um prazer sexual imensurável, e que décadas depois levou o nome de "ponto G", em referência a primeira letra de seu sobrenome.

Quando Ernst Gräfenberg alegou ter descoberto uma parte do corpo feminino que ao ser atingida traria um prazer sexual inenarrável, a comunidade científica pôs-se a rir, pois muito ainda faltava para aparecerem as saias curtas e o espírito libertino dos anos 1960. Descrevendo-a como uma zona erógena que se dilata durante estimulação sexual, Gräfenberg disse ter achado o mais importante de uma série de pontos erotogênicos localizados em todo o corpo. O médico, cuja inicial do sobrenome originou a expressão "ponto G", foi ridicularizado por afirmar que haveria uma área que guarda a chave para o mais intenso prazer feminino (DUGAN, 2018).

O estudo de Gräfenberg exerceu um papel de profunda importância na sexualidade, pois foi comprovado cientificamente que a mulher, antes relegada à condição de mera reprodutora, poderia sentir prazer sexual.

Por muito tempo, a sexualidade feminina foi considerada um tabu na sociedade, pois culturalmente a mulher era submissa ao homem, mantendo com ele uma relação de dependência e subserviência sexual.

O homem era sempre instigado ao sexo, enquanto a mulher era incentivada ao puritanismo, em uma óbvia e clara contradição. Como poderia incentivar o homem a fazer sexo em abundância e proibir a mulher de sentir prazer? Somente após a revolução sexual dos anos 1960, do século XX, que as coisas começaram a mudar (FIUZA, 2008, p. 928).

A medicina comprovou cientificamente que a mulher poderia sentir prazer, independentemente de sua capacidade reprodutora. Com isso, a mulher foi ganhando espaço dentro da sexualidade e alcançando, gradativamente, um patamar semelhante ao do homem.

No poliamor, a mulher exerce os mesmos direitos do homem, escolhendo quais e quantos parceiros participarão da relação ou quantos relacionamentos coexistirão. A mulher se equipara ao homem, devendo ter os mesmos direitos de decidir, de comum acordo, como será conduzida a relação.

A evolução da ciência, somada a uma revolução cultural, influenciou diretamente na emancipação sexual feminina, o que acaba por refletir na configuração do poliamor. As relações paralelas e poliafetivas também são um direito da mulher, cabendo a ela o poder de escolha e de tomada de decisões. No poliamor, a poliandria passa a ser vista com os mesmos olhos que a poligamia, superando uma posição histórica de desigualdade e colocando o homem e a mulher em uma condição isonômica.

O sexo entre três ou mais pessoas também influenciou significativamente no surgimento do poliamor, em especial na formação das uniões poliafetivas.

Engana-se quem imagina que o sexo a três é uma prática recente e segue as novas tendências da sociedade moderna. O sexo entre três pessoas, popularmente conhecido como *ménage a trois,* vem de um passado distante e era uma prática comum entre os filósofos e historiadores.

Jean-Jacques Rousseau foi participante e incentivador do *ménage a trois,* assim como Casanova que integrou vários trios. Catarina da Rússia e Friedrich Engels também aderiram ao formato, mas o trisal contemporâneo mais famoso foi composto pelo filósofo Jean-Paul Sartre, Simone de Beauvoir e Bianca Bienenfeld. Madame Beauvoir, inclusive, chegou a declarar: "Fomos pioneiros de nossos próprios relacionamentos, de sua liberdade, intimidade e franqueza. Pensamos na ideia do trio" (LINS, 2013, p. 416).

Muito embora nas uniões poliafetivas seja comum o sexo entre três ou mais pessoas, ele não necessariamente tem de estar presente para sua configuração.

Os requisitos que devem estar presentes para a configuração da união poliafetiva são o amor, o afeto e a livre vontade de estar no relacionamento, e não o sexo entre todos os envolvidos. Mas não se pode negar que o sexo, na perspectiva da evolução da sexualidade, desde a *ars erótica* à *scientia sexualis*, foi um dos pilares para o surgimento das relações poliafetivas.

A maior limitação da atividade sexual humana surgiu com a reponsabilidade da reprodução, que também passa a ser influenciada por uma mentalidade consumista.

Antigamente, os filhos eram considerados produtores e vistos como um bom investimento, recebendo um tratamento com dureza e rigidez, comum aos trabalhadores em geral (BAUMAN, 2004, p. 58).

Posteriormente, o filho passou a ser considerado uma ponte entre mortalidade, de uma vida individual e curta e a imortalidade, em razão da duração da família (BAUMAN, 2004, p. 58).

Com a fragilidade das estruturas familiares, a expectativa de vida de certas famílias passou a ser mais curta do que a seus membros, fazendo com que um filho passasse a ser visto como uma ponte para algo mais duradouro.

Nos dias atuais, os filhos são vistos como objeto de consumo, sendo que a satisfação esperada tende a ser medida pelo custo, que, além de monetário, inclui o autossacrifício (BAUMAN, 2004, p. 59-60).

A mentalidade consumista passa a gerar reflexos na própria filiação, tanto no aspecto econômico como no pessoal, pois se analisam, também, as dores do autossacrifício.

Para Bauman, "as alegrias da paternidade e da maternidade vêm com um pacote que inclui dores do autossacrifício e temores de perigos inexplorados" (BAUMAN, 2004, p. 61).

Assim, a cultura consumerista psicologizante, além de influenciar nos relacionamentos amorosos, gera reflexos na própria atividade reprodutora, reduzindo o filho a um simples objeto de consumo, que tende a ser medido pela relação entre custo e benefício.

A informática também tem influenciado de forma bastante significativa na sexualidade, especialmente na formação de novos relacionamentos. Com a tecnologia superando barreiras, torna-se cada vez mais fácil iniciar uma relação, o que repercute diretamente na configuração do poliamor.

Estamos vivenciando uma era digital em que a informática altera drasticamente a forma como nos relacionamos. Boates e casas noturnas estão sendo deixadas de lado, dando lugar às redes sociais e aos aplicativos de relacionamento.

Quem está à procura de um novo namoro nem sequer precisa sair de casa e, com apenas um clique, pode iniciar uma nova relação.

Até mesmo a atividade sexual está sendo influenciada pela informática, pois o sexo virtual e o encaminhamento de *nudes* estão, de certa forma, substituindo o encontro presencial. É o que podemos chamar de digitalização do sexo.

Muitos casais se preocupam mais em registrar o momento de intimidade do que resguardar a privacidade de suas relações. O sexo de um determinado casal, muitas vezes, acaba se tornando público e, como consequência, influencia nas práticas sexuais de outras pessoas.

E acaba que a utilização da tecnologia não só influencia na prática do sexo virtual, como também facilita as relações extraconjugais, pois a internet, como meio de comunicação que não se limita a barreiras, permite o encontro entre pessoas que buscam outros relacionamentos, independentemente da distância geográfica.

Regina Navarro Lins afirma que:

> É grande o número de adeptos do sexo pela Internet. Muitos processos de separação se baseiam na comprovação de sexo virtual praticado pelo cônjuge. Isso comprova que é muito comum o desejo de variar parceiro, e que a Internet está sendo um facilitar para as relações extraconjugais (LINS, 2013, p. 444).

Obviamente que a informática influencia na configuração do poliamor, sejam as uniões simultâneas, sejam as poliafetivas, pois o uso da internet facilita o encontro entre pessoas que buscam novas relações ou novos parceiros para integrar um único relacionamento.

O fato de as pessoas residirem em cidades ou até mesmo em países distintos não é mais uma barreira intransponível para um relacionamento, pois o encontro presencial não é mais visto como uma condição necessária para o início de uma relação.

A evolução da sexualidade e a mudança da percepção social exercem influência preponderante na alteração do tradicional modelo de família, que passa a abranger novas ideias e superar antigos valores.

A família dos dias atuais vem levando a uma quebra de paradigma, demandando uma reflexão e uma análise crítica sobre a proteção jurídica concedida a apenas alguns núcleos familiares.

De certa forma, o progresso da sexualidade e a cultura consumerista psicologizante ensejam a configuração do poliamor, em que há multiplicidade do amor, concomitância de relações ou pluralidade de pessoas compondo um único relacionamento.

O poliamor, embora pouco convencional e ainda sem qualquer regulamentação, decorre de um fato da vida, demandando reconhecimento jurídico, independentemente de quaisquer aspectos morais ou pessoais.

7

CONSEQUÊNCIAS JURÍDICAS DO POLIAMOR

O poliamor gera reflexos consideráveis no Direito de Família, no Direito das Sucessões e no Direito Previdenciário.

Neste capítulo, serão analisados os impactos gerados no Direito de Família, em havendo a dissolução das uniões simultâneas ou poliafetivas, como também as consequências geradas no Direito das Sucessões e no Direito Previdenciário, nos casos de falecimento de um dos companheiros que integram uma família pautada no poliamor.

7.1 IMPACTOS DO POLIAMOR NO DIREITO DE FAMÍLIA

Inúmeros debates surgem quando se trata das consequências que o poliamor pode gerar no Direito de Família.

Primeiramente será analisada a forma como se deve promover a partilha do patrimônio nos casos de dissolução das uniões simultâneas ou poliafetivas, para, depois, abordar as diversas possibilidades de se fixar a guarda e os alimentos dos filhos menores, caso seja dissolvida uma união composta por diversos companheiros e que tenha sido configurada a multiparentalidade.

7.1.1 Regimes de bens aplicáveis às famílias simultâneas e poliafetivas

O regime de bens e a partilha de patrimônio na dissolução das uniões simultâneas e poliafetivas geram bastante discussão no meio acadêmico, merecendo destaque especial em seu tratamento.

Para se promover uma partilha equânime e justa, deve-se utilizar o regramento legal previsto para os casamentos e as uniões estáveis entre duas pessoas, adaptando-se a divisão do patrimônio, com os respectivos ativos e passivos, à quantidade de companheiros que integraram uma união ou ao número de famílias que existiram paralelamente.

Assim, faz-se necessário analisar, primeiramente, os regimes de bens existentes no ordenamento, para, depois, verificar a forma como se deve promover a partilha do patrimônio, em havendo a dissolução das uniões simultâneas e poliafetivas.

O regime matrimonial de bens pode ser conceituado como o conjunto de regras de ordem privada, que regulamentará os interesses patrimoniais e econômicos de uma entidade familiar. O Código Civil prevê expressamente os regimes de comunhão universal, comunhão parcial, participação final dos aquestos e separação total de bens. Ocorre que o rol do CC/2002 é exemplificativo, permitindo que se crie outro regime, inclusive combinando regras dos já existentes (TARTUCE, 2020).

O Código Civil prevê também, no art. 1.640, que, não havendo convenção estabelecendo o regime de bens, ou sendo ela nula ou ineficaz, vigorará, quanto ao patrimônio pertencente aos cônjuges, o regime da comunhão parcial (BRASIL, 2002).

A comunhão parcial pode ser pactuada livremente pelos nubentes ou prevalecerá caso não exista, seja nula ou ineficaz, a convenção estabelecendo o regime de bens. Nesta segunda hipótese, fala-se em regime legal de comunhão parcial de bens.

Porém, caso um dos cônjuges se enquadrem nas situações previstas no art. 1.641 do Código Civil, prevalecerá a separação obrigatória de bens, ainda que tenha sido pactuado regime diverso ou inexista convenção regulamentando as relações patrimoniais e econômicas do casamento (BRASIL, 2002).

O art. 1.641 do Código Civil estabelece que, caso algum dos cônjuges seja maior de setenta anos, contraia casamento com inobservância das causas suspensivas ou se enquadre nas situações em que, para casar, necessite de suprimento judicial, o regime será de separação obrigatória de bens (BRASIL, 2002).

Ocorre que a Súmula 377 do Supremo Tribunal Federal, editada no ano de 1964, ainda continua em vigor, estabelecendo que: "No regime de separação legal de bens, comunicam-se os adquiridos na constância do casamento" (BRASIL, 1964).

Em efeitos práticos, tanto no regime legal de comunhão parcial ou na separação obrigatória, os bens adquiridos onerosamente na constância do casamento deverão ser partilhados igualmente entre os cônjuges.

O art. 1.725 do Código Civil estabelece, ainda, que na união estável também se aplica o regime legal da comunhão parcial de bens, quando não houver contrato escrito entre os companheiros regulamentando as relações patrimoniais da união (BRASIL, 2002).

Por meio de contrato escrito, celebrado por instrumento público ou particular, pode-se convencionar que a união estável será regida por qualquer regime de bens previstos no Código Civil. Não havendo contrato escrito, prevalecerá o regime da comunhão parcial (BRASIL, 2002).

Na união estável também se aplica o regime legal da comunhão parcial de bens caso não tenha sido pactuado regime diverso. Porém, caso um dos companheiros se enquadre nas situações previstas no art. 1.641 do Código Civil, a união estável também será regida pela separação obrigatória de bens, conforme decidiu o Superior Tribunal de Justiça, no julgamento do Recurso Especial n. 1.403.419 (BRASIL, 2013).

O Superior Tribunal de Justiça decidiu, ainda, no REsp n. 646.259, que a Súmula 377 do STF aplica-se à união estável, equiparando o mesmo tratamento concedido às uniões matrimonializadas (BRASIL, 2004).

Assim, tanto no casamento como na união estável, deverão ser observadas as disposições referentes ao regime legal de comunhão parcial, a separação obrigatória de bens e a aplicação da Súmula 377 do Supremo Tribunal Federal.

Os regimes de bens previstos no Código Civil têm peculiaridades que diferenciarão a partilha do patrimônio, caso seja dissolvido um casamento ou uma união estável. Os quatros modelos de regime de bens encontram-se previstos nos arts. 1.658 a 1.688 do CC/2002.

As regras do regime de comunhão parcial de bens encontram-se previstas nos arts. 1.658 a 1.666 do Código Civil. Neste modelo de regime, comunica-se o patrimônio adquirido por qualquer um do casal, na constância do casamento, excetuando os bens que sobrevieram por doação ou sucessão, e os sub-rogados em seu lugar. Os bens particulares, por terem sido adquiridos antes do casamento, não se comunicam (BRASIL, 2002).

Maria Berenice Dias ensina que, no regime de comunhão parcial, resta preservada a titularidade exclusiva dos bens particulares e garantida a comunhão do que for adquirido durante o casamento, evitando, assim, o enriquecimento sem causa de qualquer dos cônjuges (DIAS, 2015, p. 315).

No regime de comunhão parcial, também não se comunicam os bens adquiridos com valores pertencentes exclusivamente a um dos cônjuges, em sub-rogação ao patrimônio particular, além dos bens de uso pessoal, os livros, os instrumentos de profissão, os proventos do trabalho, as pensões, meios-soldos, montepios e outras rendas semelhantes (BRASIL, 2002).

Em síntese, no regime de comunhão parcial de bens haverá a comunicação do patrimônio adquirido onerosamente na constância do casamento ou da união estável, salvo algumas exceções previstas em lei.

O regime de comunhão universal de bens encontra-se previsto nos arts. 1.667 a 1.671 do Código Civil. Esta espécie de regime importa na comunicação de todo o patrimônio pertencente aos cônjuges, adquiridos antes ou depois do casamento, ainda que a aquisição tenha se dado por herança ou doação (BRASIL, 2002).

Ocorre uma fusão entre os acervos trazidos para o matrimônio por qualquer dos nubentes, com os bens adquiridos na constância do casamento, por qualquer dos cônjuges, a título oneroso, por doação ou herança. Os patrimônios se fundem em um só, formando uma única universalidade (RODRIGUES, 2004, p. 323).

Porém, no regime de comunhão universal não se comunica o patrimônio doado ou herdado, com cláusula de incomunicabilidade, e os sub-rogados em seu lugar. Os bens gravados de fideicomisso e o direito do herdeiro fideicomissário, antes de realizada a condição suspensiva, também não se comunicam. As dívidas anteriores ao casamento, salvo se provierem de despesas com seus aprestos ou se reverterem em proveito do casal, não se comunicam. Da mesma forma, não se comunicam os bens de uso pessoal, os livros, os instrumentos de profissão, os proventos do trabalho, as pensões, meios-soldos, montepios e outras rendas semelhantes (BRASIL, 2002).

Assim, no regime comunhão universal comunicam-se tanto os bens particulares como o patrimônio adquirido na constância do casamento ou da união estável, salvo as hipóteses excepcionadas no Código Civil.

O regime de participação final dos aquestos encontra-se previsto nos arts. 1.672 a 1.686 do Código Civil. Neste regime, cada cônjuge possuirá patrimônio próprio, comunicando-se apenas os bens adquiridos pelo casal, a título oneroso, na constância do casamento. O patrimônio próprio compreende os bens particulares e aqueles adquiridos, a qualquer título, por somente um dos cônjuges, na constância do matrimônio (BRASIL, 2002).

Paulo Lobo ensina que:

> Aquestos, etimologicamente, significa bens adquiridos; no direito de família, bens adquiridos na constância do matrimônio. Para fins do regime, os aquestos não são apenas os que restarem no momento da dissolução da sociedade conjugal. Sua apuração, de natureza contábil, levará em conta todos os bens adquiridos durante o tempo em que durou o casamento ou os respectivos valores, se tiverem

> sido alienados. Se houver saldo em favor de um cônjuge, este será credor do outro do respectivo montante. Aquestos são apenas os bens adquiridos pelo casal a título oneroso, excluindo-se os que foram recebidos por liberalidade (doação ou sucessão hereditária) de terceiro. Segundo o modelo da comunhão parcial, não se consideram aquestos os bens adquiridos pelos cônjuges antes do casamento e os sub-rogados em seu lugar (LOBO, 2018, p. 261-262).

Devido a certa dificuldade de sua compreensão, este modelo de regime é pouco convencional, não sendo muito aplicado no Direito brasileiro.

Seu regramento traz normas de difícil entendimento, gerando insegurança e muitas incertezas, além de ser de execução complicada, pois é necessária uma minuciosa contabilidade, mesmo durante o casamento, para viabilizar a divisão do patrimônio na eventualidade de sua dissolução (DIAS, 2015).

Assim, esta espécie de regime tem sido cada vez menos aplicada devido à insegurança gerada pela complexidade de sua execução, o que poderá trazer reflexos negativos na divisão do patrimônio, em eventual dissolução de uma entidade familiar.

O regime de separação de bens encontra-se previsto nos arts. 1.687 a 1.688 do Código Civil. Nesta espécie de regime, não haverá comunicação de patrimônio adquirido antes ou depois do casamento, que permanecerá sob a administração exclusiva de cada um dos cônjuges, que os poderá livremente alienar ou gravar de ônus real (BRASIL, 2002).

Separação absoluta é o mais simples dos regimes matrimoniais de bens. Os bens de cada cônjuge, independentemente de sua origem ou da data de sua aquisição, compõem patrimônios particulares e separados, com respectivos ativos e passivos. Não há convivência com patrimônio comum, nem participação nos aquestos. Caracteriza-se, justamente, pela ausência de massa comum (LOBO, 2018, p. 257/258).

Portanto, o Código Civil prevê diversas possibilidades para se estabelecer o regime de bens em um casamento, o que se aplica, também, à união estável. No caso das uniões simultâneas ou poliafetivas, deve-se utilizar o regramento legal existente e eventual divisão do patrimônio, com respectivos ativos e passivos, deverá se adequar ao número de relações que existiram concomitantemente ou a quantidades de companheiros que se relacionaram dentro de uma mesma união.

Assim, resta saber como será feita a partilha de bens, caso haja a dissolução das famílias que adotaram o poliamor como ideologia de vida afetiva.

7.1.2 *Partilha de bens nas uniões simultâneas*

Diante dos regimes de bens previstos no Código Civil, surge a discussão sobre como será realizada a partilha do patrimônio nos casos de dissolução das uniões simultâneas.

Nas uniões simultâneas, em que uma pessoa que já integra um núcleo familiar constitui uma segunda família, na constância da primeira, o regime de bens pode ser pactuado livremente pelos companheiros.

Como coexistem duas uniões, de forma autônoma e independente, pode haver regimes patrimoniais distintos, pois não necessariamente o regime de bens da primeira união tem de ser idêntico ao da segunda. Caso não seja regulamentado o regime de bens, em uma ou ambas as uniões, prevalecerá o regime legal da comunhão parcial.

Porém, caso um dos companheiros se enquadre nas situações descritas no art. 1.641 do Código Civil, o regime de bens, da união que este membro integre, será o da separação obrigatória (BRASIL, 2002), devendo-se observar, em eventual partilha de patrimônio, o disposto na Súmula 377 do STF (BRASIL, 1964).

A partilha do patrimônio na dissolução das uniões simultâneas levará em consideração o regime patrimonial adotado, a quantidade de famílias paralelas existentes e o momento de aquisição dos bens. Portanto, caso existam duas uniões simultâneas, sendo que em ambas foi pactuado o regime de comunhão parcial, o patrimônio adquirido onerosamente na constância das duas relações será partilhado proporcionalmente à quantidade de uniões.

O Tribunal de Justiça do Rio Grande do Sul, no julgamento da Apelação Cível n. 70022775605, utilizou, na divisão do patrimônio adquirido no contexto de duas uniões estáveis paralelas, o termo "triação" para que os bens amealhados na constância das uniões fossem divididos em três, abrangendo, assim, as duas companheiras participantes das relações (RIO GRANDE DO SUL, 2008).

O desembargador relator asseverou que:

> Os bens adquiridos na constância da união dúplice são partilhados entre a esposa, a companheira e o réu. Meação que se transmuda em "triação", pela duplicidade de uniões. O mesmo se verifica em relação aos bens adquiridos na constância da segunda união estável. Eventual período em que o réu tiver se relacionado somente com a apelante, o patrimônio adquirido nesse período será partilhado à metade (RIO GRANDE DO SUL, 2008).

O TJRS levou em consideração o regime de bens adotado em ambas as uniões e a quantidade de famílias que existiram simultaneamente para determinar que o patrimônio adquirido na constância de duas uniões fosse partilhado por três.

Assim, no caso de dissolução das famílias simultâneas, primeiramente serão analisados o regime patrimonial adotado em cada união e o momento de aquisição dos bens e das dívidas, para, se for o caso, promover a partilha de forma proporcional à quantidade de relações que existiram concomitantemente.

7.1.3 Partilha de bens nas uniões poliafetivas

A partilha de bens na dissolução de uma união poliafetiva é um tema bastante complexo e gera inúmeras discussões no meio jurídico.

Na união poliafetiva existe apenas um núcleo familiar, com diversos companheiros que se relacionam entre si, constituindo uma única família. Porém, quando se trata da divisão do patrimônio, algumas situações devem ser observadas.

O primeiro ponto a ser destacado é que o Conselho Nacional de Justiça, por maioria de votos, julgou procedente o pedido de providência n. 0001459-08.2016.2.00.0000, vedando que os Cartórios de

Notas lavrem escritura pública de união estável entre três ou mais pessoas (BRASIL, 2018).

O conselheiro relator afirmou que:

> A sociedade brasileira não incorporou a "união poliafetiva" como forma de constituição de família, o que dificulta a concessão de *status* tão importante a essa modalidade de relacionamento, que ainda carece de maturação. Situações pontuais e casuísticas que ainda não foram submetidas ao necessário amadurecimento no seio da sociedade não possuem aptidão para ser reconhecidas como entidade familiar (BRASIL, 2018).

O CNJ entendeu que a união poliafetiva não configura entidade familiar, não sendo possível, portanto, lavrar escritura pública de união estável entre três ou mais pessoas (BRASIL, 2018).

Após a decisão do CNJ, surgiu a discussão sobre a validade dos contratos particulares que reconhecem a existência das uniões poliafetivas e regulamentam o regime de bens. Dois posicionamentos distintos surgiram sobre o tema.

O primeiro posicionamento defende que o pacto de convivência de união poliafetiva realizado por instrumento particular é nulo de pleno direito, pois, se não é permitido lavrar escritura pública, eventual contrato, que apresenta menos formalidades em sua celebração, também é proibido. Ademais, a decisão do CNJ foi expressa ao afirmar que a união estável entre três ou mais pessoas não configura entidade familiar, de modo que tanto as escrituras públicas como os contratos particulares não têm qualquer validade.

O segundo posicionamento defende que a vedação à lavratura de escritura pública de união poliafetiva deve ser interpretada restritivamente, não se estendendo aos contratos particulares. Como a decisão do CNJ não tem força de coisa julgada, nem efeito vinculante, nada impede que a justiça possa vir a reconhecer a união poliafetiva como entidade familiar e entender que o contrato particular é valido, principalmente no que pertine ao regime de bens.

O segundo entendimento se mostra mais adequado, pois o CNJ não tem natureza jurisdicional, já que suas atribuições se restringem ao controle da atuação administrativa e financeira do poder judiciário (BRASIL, 1988). Os efeitos da decisão atingem, apenas, os tabelionatos de notas, que estão proibidos de lavrar escrituras públicas de união estável entre três ou mais pessoas. A análise sobre a vedação ou reconhecimento da união poliafetiva como entidade familiar depende de pronunciamento judicial.

Enquanto não houver manifestação da justiça, a união poliafetiva, independentemente da decisão do CNJ, deve ser considerada família e, caso haja pacto de convivência celebrado por instrumento particular, a partilha do patrimônio em eventual dissolução da união seguirá o regime de bens previsto no contrato.

Caso não exista contrato regulamentando o regime de bens, prevalecerá o regime legal de comunhão parcial, previsto nos arts. 1.640 e 1.725 do Código Civil (BRASIL, 2002). Neste caso, sendo o patrimônio adquirido na constância da união, e não sendo os casos de incomunicabilidade, deve-se promover uma divisão proporcional à quantidade de companheiros que integram a relação.

Porém, caso um dos companheiros se enquadre nas situações previstas no art. 1.641 do Código Civil, o regime de bens será o da separação obrigatória, independentemente da existência de pacto de convivência regulamentando o regime de bens (BRASIL, 2002), devendo-se, também neste caso, observar o disposto na Súmula 377 do Supremo Tribunal Federal (BRASIL, 1964).

Outra discussão que surge é sobre a possibilidade de se estabelecer regime de bens distintos entre os companheiros que constituem uma união poliafetiva.

O melhor entendimento é de que na união poliafetiva deve haver somente um regime de bens, pois, como se trata de apenas um único núcleo familiar, em que há uma comunhão plena de vida, o regime patrimonial deve ser o mesmo para todos. Regimes de bens distintos seriam permitidos somente nas uniões simultâneas, em que existem núcleos familiares paralelos, e não nas uniões poliafetivas, em que há uma única família, com diversos companheiros.

Portanto, são várias as discussões que existem sobre a partilha de bens no caso de dissolução de uma união poliafetiva.

Na divisão do patrimônio, deverão ser levados em consideração o regime patrimonial adotado e o momento de aquisição dos bens e das dívidas para, se for o caso, promover uma partilha de forma proporcional à quantidade de companheiros que existem dentro de uma mesma união.

7.2 FILIAÇÃO NA UNIÃO POLIAFETIVA

A filiação na união poliafetiva é um ponto extremamente importante, que demanda uma reflexão cautelosa e um cuidado especial em sua abordagem.

A quebra de paradigma do conceito de família influenciou, significativamente, nos aspectos inerentes à filiação.

O afeto, elemento essencial na formação das entidades familiares, passou a influenciar de forma preponderante na configuração da parentalidade.

Com base na socioafetividade, tornou-se possível o reconhecimento da filiação, mesmo que não exista liame genético entre pais e filho.

Assim, caso duas pessoas tenham uma relação na qual se criem estreitos laços familiares, ao longo de uma convivência em que amor e afeto prevaleçam, pode restar caracterizada a filiação socioafetiva, ainda que não haja vínculo biológico entre elas.

Paulo Lôbo ensina que:

> De um lado existe a verdade biológica, comprovável por meio de exame laboratorial, que permite afirmar, com certeza praticamente absoluta, a existência de um liame genético entre duas pessoas. De outro lado há uma verdade que não mais pode ser desprezada: a filiação socioafetiva, que decorre da estabilidade dos laços familiares construídos ao longo da história de cada indivíduo e que constitui o fundamento essencial da atribuição da paternidade ou maternidade (LÔBO, 2003, p. 153).

Em um primeiro momento, entendeu-se que, configurada a filiação socioafetiva, o genitor biológico era excluído do registro de nascimento do filho, assemelhando-se, de certa maneira, ao procedimento de adoção, em que ocorrem a extinção do poder familiar e a exclusão dos pais sanguíneos.

Ocorre que vigora no sistema jurídico brasileiro o princípio do melhor interesse da criança e do adolescente, de modo que, coexistindo vínculos consanguíneos e afetivos, torna-se perfeitamente aplicável o instituto da multiparentalidade, permitindo que se registrem os pais socioafetivos, sem a necessária exclusão do genitor biológico.

A multiparentalidade "trata-se da possibilidade jurídica conferida ao genitor biológico e do genitor afetivo de invocarem os princípios da dignidade humana e da afetividade para ver garantida a manutenção ou o estabelecimento de vínculos parentais" (ALMEIDA, 2012).

Seguindo este entendimento, o Supremo Tribunal Federal, no julgamento do Recurso Extraordinário n. 898.060, reconheceu o instituto da multiparentalidade, permitindo a existência conjunta de mães e pais, biológicos e socioafetivos, registrados na certidão de nascimento de um único filho (BRASIL, 2016).

Após o STF aplicar o instituto da multiparentalidade, o debate passou a ser sobre a possibilidade de se reconhecer a filiação socioafetiva diretamente no Cartório de Registro Civil, sem a necessidade de passar pelo crivo do judiciário.

Quem defendia a possibilidade de se promoverem o reconhecimento e registro da filiação socioafetiva diretamente no Cartório de Registro Civil, buscava a desburocratização do procedimento, pois havendo consenso entre os envolvidos, não haveria a necessidade de se promover uma ação judicial para obter uma tutela em que nem sequer há litígio.

Por outro lado, quem defendia que o reconhecimento da filiação socioafetiva tinha de ser feito pela via judicial, independentemente da existência de consenso entre as partes, tinha a intenção de resguardar os direito e interesses dos filhos, pois a alteração do registro de nascimento acarreta inúmeras consequências jurídicas.

Para pôr fim à discussão, o Conselho Nacional de Justiça editou o Provimento 63 permitindo, expressamente, o reconhecimento voluntário da paternidade ou da maternidade socioafetiva, de pessoa de qualquer idade, perante os oficiais de registro civil das pessoas naturais (BRASIL, 2017).

Com o Provimento 63, passou a ser possível o reconhecimento consensual da filiação socioafetiva, independentemente da idade do filho, diretamente no cartório, sem ter de acessar o Poder Judiciário. A partir daí, a discussão passou a ser sobre a possibilidade de se registrar mais de um ascendente socioafetivo diretamente no Cartório de Registro Civil.

O Conselho Nacional de Justiça editou o Provimento 83, permitindo o reconhecimento voluntário da paternidade ou da maternidade socioafetiva diretamente no registro civil, de pessoas acima de doze anos de idade, a somente um ascendente socioafetivo, seja do lado paterno, seja do lado materno. O Provimento estabeleceu, também, que a inclusão de mais de um ascendente socioafetivo deverá tramitar pela via judicial (BRASIL, 2019).

Portanto, com o Provimento 83 do CNJ, o reconhecimento de uma mãe ou um pai socioafetivo, pode ser feito diretamente no Cartório de Registro Civil, desde que o filho conte com mais de doze anos de idade. Porém, o reconhecimento de duas mães ou dois pais ou um pai e uma mãe socioafetivos deverá ser feito na justiça. Também deve ser feito perante a justiça o reconhecimento voluntário de um pai ou de uma mãe socioafetivo, caso o filho tenha menos de 12 anos de idade.

Os provimentos do CNJ repercutem diretamente na filiação advinda de uma família poliafetiva, principalmente se restar configurada a multiparentalidade. Isso porque pode restar caracterizada a parentalidade socioafetiva entre alguns membros da união e os filhos biológicos de seus companheiros. A possibilidade de se efetuar o registro diretamente no cartório dependerá de algumas situações.

Caso um núcleo poliafetivo envolva três pessoas, sendo que duas delas têm um filho biológico em comum, que conte com mais de doze anos de idade, pretendendo-se reconhecer a filiação socioafetiva do outro companheiro, poderá se valer da via administrativa e promover o reconhecimento e registro diretamente no cartório.

Por outro lado, caso a união poliafetiva envolva quatro ou mais pessoas, sendo que duas delas têm um filho biológico em comum, pretendendo-se reconhecer a filiação socioafetiva dos demais companheiros, necessariamente tem de acessar a via judicial para pleitear o reconhecimento e o respectivo registro. Também será realizado na justiça o reconhecimento dos filhos menores de doze anos de idade, independentemente da quantidade de pais e mães que buscam reconhecer a filiação socioafetiva.

Portanto, na família poliafetiva, dependerá da idade do filho e da quantidade de companheiros que se pretenda o reconhecimento da filiação socioafetiva, para ver se o procedimento será realizado perante o Cartório de Registro Civil ou se terá de se acessar a justiça.

Outro debate que surge ao se tratar da filiação em uma união poliafetiva é a aplicação da teoria tridimensional da paternidade, que prevê a "possibilidade de se existirem até três vínculos filiatórios, sendo o biológico decorrente da ancestralidade, o afetivo, que pressupõe a convivência, e um ontológico, onde existe uma pessoa que sirva de modelo ou exemplo" (JULIANI, 2013).

Essa é a concepção inicial da teoria tridimensional do direito de família, na qual se assevera que o humano habita, ao mesmo tempo, os mundos genético, afetivo e ontológico, de modo que a interpretação do direito de família apenas pelo modo genético normatizado é prova de que a igualdade material não passa de uma abstração (JULIANI, 2013).

Na filiação socioafetiva, devem estar presentes o afeto e amor e, ainda que não haja vínculo consanguíneo, a parentalidade pode restar configurada. Já na filiação ontológica, se faz necessário a presença de elementos como admiração e enaltecimento do filho perante o pai, para a configuração da filiação.

Nos casos da união poliafetiva, tornam-se perfeitamente aplicáveis o instituto da multiparentalidade e a teoria tridimensional da paternidade, sendo que um filho biológico de um dos membros da união também pode ser filho socioafetivo dos demais, ou criar um vínculo ontológico com algum dos participantes da relação.

Estando presentes os requisitos necessários, um único filho poderá ter diversos pais e mães, de acordo com a quantidade de membros que participarão da união.

Como consequência, havendo a dissolução de uma família poliafetiva, serão analisadas várias situações como guarda, visitas e alimentos, com o objetivo de zelar e resguardar o melhor interesse dos filhos menores.

7.2.1 Princípio do melhor interesse da criança e do adolescente

A proteção dos direitos e dos interesses dos menores ganhou força com a Constituição da República de 1988 e com a Lei n. 8.069/90, conhecida como o Estatuto da Criança e do Adolescente. A CR e o ECA trouxeram uma nova visão sobre a proteção jurídica destinada às crianças e aos adolescentes.

O art. 227 da Constituição da República estabelece ser dever da família assegurar à criança e ao adolescente, com absoluta prioridade, o direito à vida, à saúde, à alimentação, à educação, ao lazer e à dignidade do menor, sem qualquer forma de preconceito ou discriminação (BRASIL, 1988).

O art. 3º, da Lei n. 8.069/90, estabelece que a criança e o adolescente gozam de todos os direitos fundamentais inerentes à pessoa humana, sem prejuízo da proteção integral, de modo a resguardar a dignidade do menor, em qualquer tipo de situação (BRASIL, 1990).

Com o advento da Constituição da República e, posteriormente, com a entrada em vigor da Lei n. 8.069/90, as crianças e os adolescentes passaram a ser resguardados pela doutrina da proteção integral, aplicando-se os princípios da prioridade absoluta e o melhor interesse do menor (BRASIL, 1990).

Renata Malta Vilas-Bôas afirma que:

> É necessário construir uma nova visão de nossas crianças e adolescentes, partindo do conjunto de normas previstas no Estatuto da Criança e do Adolescente, regido pela Doutrina da Proteção Integral, e tendo como base os princípios da prioridade absoluta e do melhor interesse do menor (VILAS-BOAS, 2011).

Portanto, em todas as decisões que digam respeito às crianças e aos adolescentes, devem-se assegurar a prioridade absoluta e o melhor interesse dos menores, colocando-lhes a salvo de toda e qualquer situação de risco.

Nos casos de dissolução de uma família poliafetiva, em que pode haver pluralidade de pais e mães, devem ser resguardados e assegurados os direitos e interesses dos filhos menores, evitando, na medida do possível, os prejuízos decorrentes da extinção da união.

Assim, faz-se necessário analisar qual a melhor forma para se fixar os alimentos, definir a guarda e regulamentar as visitas, nos casos de dissolução de uma família poliafetiva.

7.2.2 Guarda dos filhos na dissolução da união poliafetiva

Havendo a dissolução de uma união poliafetiva, em que haja pluralidade de pais e mães, deve ser analisada a melhor forma para se fixar a guarda dos filhos menores.

Primeiramente, cumpre esclarecer que a Lei n. 13.058/2014 (BRASIL, 2014) alterou o § 2º, do art. 1.584 do Código Civil, passando a estabelecer que, quando não houver acordo entre os pais quanto à guarda do filho e estando ambos os genitores aptos a exercer o poder familiar, será aplicada a guarda compartilhada (BRASIL, 2002).

A alteração legislativa levou em consideração o fato de a guarda compartilhada auxiliar na construção da maturidade psicológica do filho, na medida em que estabelece um exercício bilateral e conjunto da guarda, num parâmetro civilizado de corresponsabilização, evitando, com isso, os efeitos nocivos da alienação parental (FARIAS, ROSENVALD, 2009).

A guarda compartilhada gera a responsabilização conjunta e o exercício concomitante do poder familiar pelos pais que não vivam sob o mesmo teto, havendo uma divisão equilibrada das tarefas do filho menor entre seus genitores.

No caso de dissolução de uma união poliafetiva em que restou configurada a multiparentalidade, caso seja fixada a guarda compartilhada, haverá uma corresponsabilização entre os pais biológicos e socioafetivos pela criação e educação dos filhos menores e uma divisão detalhada das atividades que cada genitor executará.

Não é um requisito necessário estabelecer um domicílio fixo do menor, pois a alternância de residência pode ser uma consequência da fixação da guarda compartilhada.

A guarda compartilhada não impõe a fixação da residência do filho a um lar específico, mas, também, não diz que a base de moradia precisa ser atribuída a somente um dos genitores. Estabelece, apenas, que a cidade considerada base de moradia dos filhos será aquela que melhor atende aos seus interesses. Ao falar em cidade, parece pressupor que os pais residem em localidades distintas, fato que não impede o regime de compartilhamento, pois a tecnologia autoriza uma proximidade tão grande que, mesmo residindo em países distantes, podem os pais exercer a guarda compartilhada (DIAS, 2018).

Ocorre que a alternância de residência de um filho advindo de uma união poliafetiva pode ser prejudicial ao seu melhor desenvolvimento, por não haver uma referência de lar.

Como na união poliafetiva pode haver pluralidade de pais e mães, uma vez dissolvida em sua totalidade, cada genitor passará a residir em locais distintos, fazendo com que o filho passe a ter diversos domicílios.

Assim, no caso de dissolução de uma união poliafetiva, sem prejuízo da guarda compartilhada, é aconselhável estabelecer uma única residência fixa para o menor, com alternância de tarefas entre os pais biológicos e socioafetivos.

Para que seja possível o exercício da guarda compartilhada após a extinção de uma família poliafetiva, deve haver um bom relacionamento entre todos os genitores, pois havendo desentendimento ou discordância na execução das tarefas por um dos pais, torna-se inviável o compartilhamento da guarda.

A guarda compartilhada se diferencia da guarda alternada, em que o pai e a mãe revezam períodos exclusivos na companhia do menor, cabendo ao outro o direito de visitas.

Na guarda compartilhada há o compartilhamento tanto da guarda jurídica como da material, de modo que as decisões que envolvam os filhos deverão ser tomadas de forma conjunta pelos genitores, mas também o tempo de convivência com os filhos será dividido de forma equilibrada, o que não corresponde a uma divisão igualitária. Na guarda alternada, por sua vez, há uma alternância entre os genitores do exercício exclusivo da guarda jurídica e material, de modo que, enquanto a criança estiver em companhia de um dos genitores, caberá a este tomar as decisões de interesse dos filhos. Justamente por retirar a autoridade parental de um dos genitores, que este modelo não é compatível com o direito brasileiro, por força do art. 1.634 do Código Civil (PEREIRA, 2017).

Se a guarda alternada não é recomendável nos casos de dissolução de uma união a dois, por retirar a autoridade parental de um dos genitores, também não será na extinção de uma união poliafetiva que poderá haver diversos pais, dificultando o exercício do poder familiar por aqueles não estão na companhia do menor.

Outra modalidade de guarda possível, típica dos países europeus, é o aninhamento ou nidação, na qual o menor continuará residindo no mesmo domicílio em que vinha sendo criado, cabendo aos pais revezarem a companhia. Esta modalidade de guarda tem como objetivo evitar que a criança sofra dano em razão da disputa da custódia, ao abandonar o meio em que vive (FARIAS, ROSENVALD, 2009).

A guarda por aninhamento também sofre críticas, pois a alternância da companhia dos pais pode ser prejudicial à formação do filho, na medida em que não há uma autoridade constantemente presente na vida do menor.

Não é muito indicado fixar a guarda por aninhamento ou nidação, pois não haverá uma autoridade sempre presente, necessária para a formação da personalidade da criança ou adolescente (CAPELLARI; KANIESKI; PRUNZEL, 2012).

Não sendo recomendada a guarda alternada ou por aninhamento, e caso não seja possível fixar a guarda compartilhada, havendo dissolução de uma família poliafetiva em que haja diversos pais e mães, deve ser estabelecida a guarda unilateral para apenas um dos genitores e regulamentado o direito de visitas para os demais.

Na guarda unilateral, o filho menor ficará na companhia exclusiva de apenas um genitor, cabendo ao outro exercer o direito de visitas, na forma regulamentada.

O direito de visitação tem por finalidade manter o relacionamento do menor com o genitor não detentor da guarda, de modo a respeitar a convivência familiar e o melhor interesse do filho.

A visitação deve ser regulamente cumprida na forma estabelecida e, em caso de descumprimento injustificado, o genitor detentor da guarda pode ser condenado ao pagamento de sanção pecuniária.

Seguindo este entendimento, o Superior Tribunal de Justiça, no julgamento do Recurso Especial n. 1.481.531/SP, entendeu pela aplicação de "astreinte" na hipótese de descumprimento do regime de visitas por parte detentor da guarda da criança, assegurando, assim, a convivência do menor com o genitor não guardião (BRASIL, 2017).

Na dissolução de uma união poliafetiva em que esteja configurada a multiparentalidade, caso seja fixado a guarda unilateral para apenas um dos genitores, deve ser regulamentado detalhadamente o direito de visita para os demais, constando expressamente em quais dias e horários os pais que não detêm a guarda terão acesso aos filhos.

Neste caso, pelo fato de o direito de visitas envolver vários pais, havendo o descumprimento da visitação previamente regulamentada, é recomendável a fixação de "astreinte" para coibir práticas abusivas pelo detentor da guarda unilateral.

Portanto, há várias maneiras de se estabelecer a guarda nos casos de dissolução de uma família poliafetiva, em que haja pluralidade de pais biológicos e socioafetivos, devendo ser analisadas as particularidades do caso concreto, para que não haja prejuízos para os filhos menores.

7.2.3 Alimentos dos filhos na dissolução da união poliafetiva

Um ponto muito importante, que demanda uma análise cuidadosa, é a obrigação alimentar dos pais perante os filhos, nos casos de extinção de uma união poliafetiva.

O art. 1.694 do Código Civil prevê a possibilidade de os parentes pedirem alimentos uns aos outros, de que necessitem para viver de modo compatível com a sua condição social, inclusive para atender às necessidades de sua educação (BRASIL, 2002).

A obrigação alimentar dos pais em relação aos filhos é um corolário do poder familiar, já que os genitores têm a obrigação de sustentar os filhos menores, mesmo após a extinção do casamento ou a dissolução de uma união estável.

No caso de dissolução de uma união poliafetiva em que restou configurada a multiparentalidade, sendo estabelecida a guarda compartilhada ou unilateral, deve ser fixado um valor que será pago a título de pensão alimentícia pelos pais biológicos e socioafetivos.

O § 1º, do art. 1.694, do Código Civil, estabelece que "os alimentos devem ser fixados na proporção das necessidades do reclamante e dos recursos da pessoa obrigada" (BRASIL, 2002), obedecendo, assim, o trinômio necessidade x possibilidade x proporcionalidade.

Os alimentos visam dar um auxílio material para quem não tem condições de suportar as despesas do próprio sustento, resguardando, assim, a dignidade dos mais necessitados economicamente.

Rodrigo da Cunha Pereira afirma que:

> Em consonância com as diretrizes constitucionais que determinam a prevalência de uma vida digna à pessoa humana, os alimentos se consubstanciam em um instituto de direito de família que visa dar suporte material a quem não tem meios de arcar com a própria subsistência. Relaciona-se não apenas ao direito à vida e à integridade física da pessoa, mas, principalmente, à realização da Dignidade

> Humana, proporcionando ao necessitado condições materiais de manter sua existência. Seu conteúdo está expressamente atrelado à tutela da pessoa e à satisfação de suas necessidades fundamentais (PEREIRA, 1997, p. 3).

Havendo dissolução de uma união poliafetiva, em que coexistem pais biológicos e socioafetivos, deverão ser rateados os alimentos devidos ao filho menor proporcionalmente a quantidade de genitores que contribuirão para o pagamento da pensão alimentícia na proporção dos seus respectivos rendimentos.

Deve ser analisada ainda a real necessidade econômica do menor, de acordo com as peculiaridades e circunstâncias do caso, evitando, assim, que os alimentos ultrapassem a quantia necessária para a subsistência do filho.

Na determinação do valor da pensão alimentícia, há de se levar em conta as condições sociais da pessoa que tem direito aos alimentos, sua idade, saúde e outras circunstâncias particulares de tempo e lugar que influenciam na própria medida (CAHALI, 2006, p. 518).

Os alimentos podem ser divididos em naturais ou cíveis, a depender de sua natureza e de sua finalidade.

Carlos Roberto Gonçalves ensina que "os alimentos naturais ou necessários restringem-se ao indispensável à satisfação das necessidades primárias da vida" (GONÇALVES, 2014, p. 337).

Já os alimentos cíveis têm por objetivo "a manutenção do *status quo ante*, ou seja, a condição anterior da pessoa, tendo um conteúdo mais amplo" (TARTUCE, 2016, p. 1.462).

Em relação à forma de pagamento, os alimentos podem ser fixados em espécie, em que deve ser paga todo mês uma quantia específica, que ficará sob a administração do detentor da guarda, ou *in natura*, em que se pagará diretamente na fonte da despesa, como forma de evitar a malversação da pensão alimentícia paga em valor pecuniário.

Em se tratando de filhos advindos de uma união poliafetiva, quando houver pluralidade de pais e mães, é aconselhável que os alimentos sejam fixados em espécie, pois o pagamento diretamente na fonte da despesa pode gerar conflitos entre os genitores, o que, obviamente, prejudicará os interesses do menor.

Outro ponto que merece destaque é o instituto da paternidade alimentar, trazendo a possibilidade excepcional de condenação do genitor biológico, ainda que tenha sido excluído do registro de nascimento, em prestar alimentos ao filho, caso o pai socioafetivo não possa pagar.

É de todo defensável a possibilidade de serem reivindicados alimentos do progenitor biológico, diante da impossibilidade econômico-financeira do genitor socioafetivo, que não está em condições de atender satisfatoriamente a real necessidade alimentar do filho que acolheu por afeição, já que o pai socioafetivo tem amor, mas não tem dinheiro (MADALENO, 2019).

Na união poliafetiva, na qual em um único núcleo familiar podem coexistir pais biológicos e socioafetivos, a paternidade alimentar também gera reflexos, pois caso seja dissolvida a união e um dos genitores não tenha condições de arcar com a pensão alimentícia, o filho poderá pleitear alimentos somente daqueles pais com capacidade financeira para suportá-los.

Portanto, há várias formas e possibilidades de se fixarem alimentos para os filhos menores, no caso de dissolução de uma união poliafetiva, em que restou configurada a multiparentalidade. O filho menor, necessitado economicamente, será beneficiado, pois, a princípio, haverá responsabilidade de todos os genitores, não detentores da guarda, no pagamento da pensão alimentícia.

7.3 IMPACTOS DO POLIAMOR NO DIREITO DAS SUCESSÕES

O poliamor gera inúmeros reflexos na sucessão hereditária, na partilha dos bens e na divisão do patrimônio entre herdeiros, após o falecimento de um dos companheiros que integram as uniões simultâneas ou poliafetivas.

Na sucessão tradicional, antes de promover a divisão da herança entre os sucessores, deverá, dependendo do regime de bens, ser resguardada a meação do cônjuge ou companheiro sobrevivente, caso o falecido fosse casado ou vivesse em união estável à época do óbito.

No caso das uniões simultâneas, será necessário verificar o regime de bens adotado em cada união, a quantidade de famílias paralelas existentes e o momento de aquisição do patrimônio. Dependendo do regime patrimonial, da época em que os bens foram adquiridos e não sendo os casos de incomunicabilidade, deverá se resguardar a meação proporcionalmente à quantidade de uniões existentes.

Na união poliafetiva, será necessário analisar o regime de bens adotado, o momento em que o patrimônio foi adquirido e a quantidade de companheiros que integram a mesma união. Caso haja comunicabilidade do patrimônio, deverá se resguardar a meação proporcionalmente à quantidade de companheiros que constituíram uma única união.

Quando se fala em meação nas uniões poliafetivas, volta à tona a discussão sobre a decisão proferida pelo Conselho Nacional da Justiça, no pedido de providência n. 0001459-08.2016.2.00.0000, abordada no tópico partilha de bens.

O CNJ, sob o fundamento de que a união poliafetiva não configura entidade familiar, proibiu que cartórios de notas lavrem escritura pública de união estável entre três ou mais pessoas.

Ocorre que o Conselho Nacional de Justiça não possui natureza jurisdicional, já que suas atribuições se limitam ao controle da atuação administrativa e financeira do Poder Judiciário (BRASIL, 1988). A análise sobre eventual vedação ao reconhecimento da união poliafetiva como entidade familiar depende de pronunciamento judicial.

Assim, a decisão do CNJ que proibiu a lavratura de escritura pública de união poliafetiva deve ser interpretada restritivamente, não se estendendo aos instrumentos particulares que reconhecem a existência da união e regulamentam o regime de bens.

Nas uniões simultâneas e poliafetivas, não havendo pacto estabelecendo o regime de bens, prevalecerá o regime legal de comunhão parcial, previsto no art. 1.640 do Código Civil. Neste caso, a meação incidirá sobre metade dos bens adquiridos onerosamente na constância das uniões paralelas ou da união com diversos companheiros.

Porém, caso um dos companheiros se enquadre nas situações descritas no art. 1.641 do Código Civil, prevalecerá o regime de separação obrigatória de bens (BRASIL, 2002), devendo-se, também neste caso, observar o disposto na Súmula 377 do Supremo Tribunal Federal (BRASIL, 1964).

Assim, na análise da meação, para efeitos sucessórios, utiliza-se o mesmo raciocínio usado para a partilha de bens no caso de dissolução das uniões simultâneas ou poliafetivas.

Resguardada a meação, será realizada a partilha dos bens deixados pelo *de cujus*, nos termos do art. 1.829 do Código Civil (BRASIL, 2002).

O Supremo Tribunal Federal, no julgamento do Recurso Extraordinário n. 878.694, entendeu pela inconstitucionalidade do art. 1.790 do Código Civil (BRASIL, 2018), equiparando, para fins sucessórios, o cônjuge ao companheiro. Assim, não há mais distinção na sucessão *causa mortis*, entre união estável e casamento (BRASIL, 2018).

Portanto, independentemente de se havia casamento formalizado ou uma simples união estável, a sucessão do falecido será regida pelo art. 1.829 do Código Civil (BRASIL, 2002).

O referido dispositivo legal estabelece a ordem de vocação hereditária, em que os herdeiros da classe precedente excluem os da classe subsequentes, seguindo uma estrutura prevista em lei.

Salomão Cateb ensina que:

> Para evitar que todos fossem chamados ao mesmo tempo, a lei estipulou a preferência de uma classe sobre a outra, denominada de ordem de vocação hereditária, prevista no artigo 1.829 do Código Civil, oriunda do Direito Romano. Igual método é o utilizado em legislações de todos os países ocidentais (CATEB, 2015, p. 106).

A sucessão seguindo a ordem de vocação hereditária prevista no Código Civil abrangerá todo o patrimônio deixado pelo falecido, caso não haja testamento contendo disposições de última vontade (BRASIL, 2002).

Havendo testamento e existindo herdeiros necessários, como descendente, ascendentes, cônjuge ou companheiro, as disposições de última vontade só poderão abranger metade dos bens deixados pelo autor da herança. Neste caso, a sucessão, seguindo a ordem de vocação hereditária, incidirá sobre a legítima, correspondente à outra metade do patrimônio do falecido. Porém, caso não haja herdeiros necessários, o testamento poderá contemplar todos os bens deixados pelo *de cujus* (BRASIL, 2002).

Não havendo testamento ou resguardada a legítima, será necessário verificar, em primeiro lugar, se o falecido deixou descendente que terá direito à herança, nos termos do inciso I, do art. 1.829, do Código Civil (BRASIL, 2002).

O inciso I, do art. 1.829, do Código Civil, estabelece que os descendentes herdarão junto com o cônjuge sobrevivente, salvo se este for casado com o falecido pelo regime de comunhão universal, separação obrigatória ou comunhão parcial. Porém, no regime de comunhão parcial, o cônjuge concorrerá com os descendentes nos bens particulares deixados pelo falecido (BRASIL, 2002).

Nas uniões simultâneas e poliafetivas, deverá ser utilizado o mesmo regramento previsto no inciso I, do art. 1.829, do Código Civil, com algumas adaptações. A parte da herança destinada ao cônjuge sobrevivente deverá ser proporcional à quantidade de companheiros existentes.

Assim, deve-se analisar, primeiramente, o regime de bens adotado nas uniões simultâneas ou poliafetivas e, sendo o caso de concorrência do cônjuge com os descendentes, deverão ser destinados aos companheiros sobreviventes quinhões hereditários proporcionais ao número de uniões simultâneas que existiram paralelamente ou à quantidade de membros que constituíram uma única união.

O inciso II, do art. 1.829, do Código Civil, estabelece que, não havendo descendentes, serão chamados a suceder os ascendentes do falecido, em concorrência com o cônjuge sobrevivente (BRASIL, 2002). Neste caso, não há qualquer referência ao regime de bens adotado, para que se permita ou se vede a concorrência, na herança, do cônjuge supérstite, com os ascendentes do *de cujus*.

O art. 1.837 do Código Civil estabelece que: "Concorrendo com ascendente em primeiro grau, ao cônjuge tocará um terço da herança; caber-lhe-á a metade desta se houver um só ascendente, ou se maior for aquele grau" (BRASIL, 2002).

Nas famílias simultâneas e poliafetivas, em que pode haver pluralidade de companheiros concorrendo com ascendentes em primeiro grau, ser-lhes-á destinado um terço da herança para divisão proporcional à quantidades de uniões que existiram concomitantemente ou ao número de membros que se relacionavam dentro de uma mesma união.

Caso os companheiros herdem apenas com um dos genitores do falecido, ou se for maior o grau de ascendência, ser-lhe-á destinada metade da herança para o rateio proporcional à quantidade de relações que coexistiram, nos casos das uniões simultâneas, ou à quantidade de companheiros que formavam uma só relação, nos casos das uniões poliafetivas.

O inciso III, do art. 1.829, do Código Civil, estabelece, ainda, que, diante da inexistência de descendentes e ascendentes, a totalidade da herança será destinada ao cônjuge sobrevivente (BRASIL, 2002).

No caso de uniões simultâneas ou poliafetivas, não havendo ascendente e descendente, a herança será destinada aos companheiros do falecido e partilhada entre eles, em igualdade de proporção.

Portanto, torna-se perfeitamente aplicável o art. 1.829 do Código Civil, (BRASIL, 2002), na partilha dos bens deixados por um membro das uniões simultâneas ou poliafetivas, adequando-se a divisão da herança destinada aos companheiros, proporcionalmente ao número de parceiros que integram uma mesma união ou à quantidade de relações que existiram paralelamente.

7.4 Impactos do poliamor no direito previdenciário

O poliamor gera reflexos consideráveis no Direito Previdenciário, influenciando, significativamente, na concessão e no rateio dos benefícios da Previdência Social aos membros que integraram as uniões simultâneas ou poliafetivas.

Primeiramente, será analisado como o Direito Previdenciário influenciou no acolhimento de entidades familiares que não possuíam regulamentação legal e como pode influenciar no reconhecimento jurídico das uniões simultâneas e poliafetivas. Posteriormente, serão abordadas as possibilidades de se concederem os benefícios da Previdência Social aos indivíduos que optaram por constituir uma família pautada no poliamor, nos termos da Lei n. 8.213/91.

7.4.1 Direito Previdenciário como percursor no reconhecimento de entidade familiares

Pode-se afirmar que o Direito Previdenciário exerce um papel de vanguarda e inovação em relação ao Direito de Família, pois muitas vezes antecipou à legislação civil e reconheceu direitos a entidades familiares que não tinham previsão legal.

Antes de ser um mero fundo arrecadatório para proteção do trabalhador contribuinte, a Previdência se reveste de caráter social, visando à realização do bem-estar dos indivíduos.

Nesta busca do bem-estar social, a Previdência passou a inovar ao conceder benefícios a membros de entidades familiares não reconhecidas legalmente.

Antes da Constituição da República de 1988, havia enorme discussão se a união estável era considerada uma espécie de família (BRASIL, 1988).

O Direito Previdenciário antecipou o reconhecimento de direitos à união estável ao enquadrar a companheira como beneficiária do segurado, desde que comprovados o vínculo de dependência e a estabilidade da relação.

Em um primeiro momento, a Lei n. 4.297/63 permitiu que se concedesse pensão por morte à companheira de ex-combatente, diante do falecimento de servidor civil, militar ou autárquico, desde que tenha convivido maritalmente com o segurado por prazo não inferior a cinco anos (BRASIL, 1963).

Posteriormente, a Lei n. 5.890/73 passou a prever a possibilidade de inscrição da companheira como beneficiária da Previdência Social, na condição de dependente do segurado, desde que comprovada a convivência pelo prazo mínimo de cinco anos (BRASIL, 1973).

No ano de 1.982, o extinto Tribunal Federal de Recurso editou a Súmula 122, prevendo que:

> A companheira, atendidos os requisitos legais, faz jus à pensão do segurado falecido, quer em concorrência com os filhos do casal, quer em sucessão a estes, não constituindo obstáculo a ocorrência do óbito antes da vigência do Decreto-lei 66/66 (BRASIL, 1982).

Portanto, antes mesmos da Constituição da República de 1988, o Direito Previdenciário já reconhecia o direito da companheira em receber os benefícios da Previdência Social, desde que obedecidos os requisitos previstos em lei.

Da mesma forma ocorreu com o reconhecimento dos núcleos formados por pessoas do mesmo sexo, que possuíam uma união pública, contínua e duradoura, com objetivo de constituir família.

Antes mesmo do julgamento pelo Supremo Tribunal Federal, da Arguição de Descumprimento de Preceito Fundamental n. 132 (BRASIL, 2011) e da Ação Direta de Inconstitucionalidade n. 4.277 (BRASIL, 2011), houve o reconhecimento de direito à pensão por morte entre companheiros do mesmo sexo, que viviam em união estável.

A Portaria n. 513/2010, editada pelo Ministro da Previdência Social, consignou o seguinte:

> Art. 1º Estabelecer que, no âmbito do Regime Geral de Previdência Social – RGPS, os dispositivos da Lei n. 8.213, de 24 de julho de 1991, que tratam de dependentes para fins previdenciários devem ser interpretados de forma a abranger a união estável entre pessoas do mesmo sexo (BRASIL, 2010).

O Direito Previdenciário, tanto na união estável como na união homoafetiva, antecipou a legislação civil e reconheceu direitos às referidas famílias, sem que houvesse anterior previsão legal.

Em relação ao poliamor, o Direito Previdenciário tem agido de forma semelhante, sendo novamente percursor em um possível reconhecimento de direitos às uniões simultâneas. Encontra-se pendente de julgamento no STF o Recurso Extraordinário n. 104.5273, em que se discute a possibilidade de um concubinato de longa duração gerar efeitos previdenciários (BRASIL, 2012).

No julgamento do REXT foram proferidos cinco votos favoráveis ao reconhecimento de diretos previdenciários às uniões estáveis concomitantes e três votos contra. O processo foi retirado de pauta em razão de um pedido de vista do ministro Dias Toffoli (BRASIL, 2012). Muito embora o julgamento ainda não tenha sido finalizado, já podemos notar um avanço sobre eventual reconhecimento de direitos às uniões simultâneas.

Portanto, o Direito Previdenciário vem exercendo uma posição progressista em relação ao Direito de Família, pois ao longo do tempo foi reconhecendo direitos a certas entidades familiares que nem sequer tinham previsão legal. Ao que tudo indica, o Direito Previdenciário também exercerá um papel de vanguarda ao reconhecer direito às famílias simultâneas, permitindo que a esposa e a companheira, que viviam com o falecido à época do óbito, recebam o benefício da Previdência Social.

7.4.2 Aplicação da Lei n. 8.213/91 às uniões simultâneas e poliafetivas

A Lei n. 8.213/91 é perfeitamente aplicável às uniões simultâneas e poliafetivas, devendo-se apenas realizar algumas adaptações para promover o rateio do benefício previdenciário de forma proporcional à quantidade de uniões que existiram paralelamente ou ao número de companheiros que integravam uma mesma união.

Porém, algumas situações devem ser observadas para que se promova a correta aplicação da Lei n. 8.213/91 às uniões simultâneas e poliafetivas.

O art. 194 da Constituição da República Federativa do Brasil estabelece que "a seguridade social compreende um conjunto integrado de ações de iniciativa dos Poderes Públicos e da sociedade, destinadas a assegurar os direitos relativos à saúde, à previdência e à assistência social" (BRASIL, 1988).

Em relação à Previdência temos, atualmente, quatro modelos distintos, que se diferenciam em Regime Próprio de Previdência Social, o Regime Geral de Previdência Social, o Regime de Previdência Complementar e o Regime Próprio dos Servidores Militares.

O Regime Geral de Previdência Social é regulamentado pela Lei n. 8.213/91, da qual extraímos os princípios da solidariedade e de proteção à família (BRASIL, 1991).

O princípio da solidariedade se justifica na medida em que consiste no pilar de sustentação de todo o sistema previdenciário, conferindo-lhe fundamento e, ao mesmo tempo, justificativa, traçando caminhos hermenêuticos, suprindo eventuais lacunas e coibindo interpretações espúrias, além de atuar como supraprincípio que se irradia por todo o sistema, ora como valor, ora como princípio, ora como direito e ora como dever [...] (SILVA, 2010, p. 4-24).

No Direito Previdenciário, o princípio da solidariedade exerce forte influência nas normas que regulamentam o custeio da Previdência Social e nas regras que estabelecem a concessão dos benefícios previdenciários, atendendo, assim, a proteção social e a dignidade humana.

No Direito de Família, o princípio da solidariedade também tem ampla aplicação, inclusive permitindo que o cônjuge ou companheiro hipossuficiente, que não possua renda capaz de suprir as despesas de seu sustento, receba alimentos do ex-consorte nos casos de extinção do casamento ou dissolução da união estável.

Nos casos das uniões simultâneas, por aplicação do princípio da solidariedade, em seu duplo aspecto, pode-se perfeitamente defender a possibilidade de as relações paralelas, de longa duração, em que há consentimento e aceitação de todos, gerarem efeitos previdenciários. Neste caso, havendo vínculo de dependência dos companheiros com o segurado falecido, será concedido um único benefício previdenciário, que será rateado proporcionalmente à quantidade de uniões existentes.

Na união poliafetiva, também por aplicação do princípio da solidariedade, pode-se defender a possibilidade de uma única união, com diversos companheiros, gerar efeitos previdenciários. Caso comprovado o vínculo de dependência econômica entre os companheiros sobreviventes com o segurado falecido, será concedido um único benefício previdenciário, que será rateado proporcionalmente ao número de membros que constituíram uma única união.

Conclui-se, portanto, que a Lei n. 8.213/91 tem dispositivos perfeitamente aplicáveis às uniões simultâneas e poliafetivas, devendo apenas realizar a divisão do benefício previdenciário de forma proporcional à quantidade de uniões que existiram paralelamente ou ao número de companheiros que constituíram uma mesma união.

O art. 16 da Lei n. 8.213/91 elenca o rol de beneficiários do Regime Geral de Previdência Social, na condição de dependentes do segurado, abrangendo o "cônjuge, o companheiro, a companheira, o filho não emancipado, de qualquer condição, menor de 21 (vinte e um) anos ou inválido ou que tenha deficiência intelectual ou mental ou deficiência grave" (BRASIL, 1991).

O § 2º, do art. 16, prevê, ainda, que: "O enteado e o menor tutelado equiparam-se ao filho mediante declaração do segurado e desde que comprovada a dependência econômica na forma estabelecida no Regulamento" (BRASIL, 1991).

A equiparação do enteado ao filho para fins previdenciários enquadra-se perfeitamente nos casos de filiação advinda de uma união poliafetiva, em que um filho biológico de dois membros da relação pode ser considerado enteado dos demais, caso não esteja configurada a filiação socioafetiva.

O art. 77 da Lei n. 8.213/9 prevê, ainda, que "A pensão por morte, havendo mais de um pensionista, será rateada entre todos em partes iguais", sendo que o § 1º estabelece que "Reverterá em favor dos demais, à parte daquele cujo direito à pensão cessar" (BRASIL, 1991).

Nas uniões simultâneas ou poliafetivas, será devido somente um benefício previdenciário, que será rateado de forma proporcional à quantidade de companheiros beneficiários. Cessado o direito à pensão para algum dos companheiros, seja por qual motivo for, o benefício será revertido para os demais pensionistas.

Registre-se, ainda, que o § 2º, do art. 74, prevê:

> Perde o direito à pensão por morte o cônjuge, o companheiro ou a companheira se comprovada, a qualquer tempo, simulação ou fraude no casamento ou na união estável, ou a formalização desses com o fim exclusivo de constituir benefício previdenciário, apuradas em processo judicial no qual será assegurado o direito ao contraditório e à ampla defesa (BRASIL, 1991).

Havendo simulação na configuração das uniões simultâneas ou poliafetivas, com o único intuito de fraudar a Previdência Social, haverá a perda do direito ao benefício da pensão por morte (BRASIL, 1991), podendo, ainda, caracterizar o crime de estelionato previdenciário, previsto no § 3º, do art. 171, do Código Penal (BRASIL, 1940).

A própria Lei n. 8.213/91 tem dispositivos perfeitamente aplicáveis ao poliamor e coíbe a simulação de casamento ou união estável que vise exclusivamente à obtenção indevida de benefícios previdenciários (BRASIL, 1991).

Basta apenas realizar uma adequação, sem a necessidade de imediata alteração legislativa, para que as disposições da Lei n. 8.213/91 passem a abranger os indivíduos que optaram por constituir uma família pautada no poliamor.

8

O POLIAMOR NA JURISPRUDÊNCIA DOS TRIBUNAIS

Em um primeiro momento, os Tribunais Superiores negaram o reconhecimento de direitos às famílias simultâneas, a partir do tratamento que foi historicamente dado ao concubinato.

No julgamento do Recurso Extraordinário n. 397.762, de relatoria do ministro Marco Aurélio Mello, o Supremo Tribunal Federal decidiu pela impossibilidade de rateio da pensão por morte entre a esposa e a companheira, entendendo pela impossibilidade jurídica de concomitância dessas duas situações (BRASIL, 2008).

Para o ministro Marco Aurélio Melo, "A titularidade da pensão decorrente do falecimento de servidor público pressupõe vínculo agasalhado pelo ordenamento jurídico, mostrando-se impróprio o implemento de divisão a beneficiar, em detrimento da família, a concubina" (BRASIL, 2008).

Na fundamentação do voto, o ministro argumentou que:

> É certo que o atual Código Civil versa, ao contrário do anterior, de 1916, sobre a união estável, realidade a consubstanciar núcleo familiar. Entretanto, na previsão está

> excepcionada a proteção do Estado quando existente impedimento para o casamento relativamente aos integrantes da união, sendo que, se um deles é casado, esse estado civil apenas deixa de ser óbice quando verificada a separação de fato. A regra é fruto do texto constitucional e, portanto, não se pode olvidar que, ao falecer, o varão encontrava-se na chefia da família oficial, vivendo com a esposa (BRASIL, 2008).

O ministro ainda asseverou que: "O concubinato não se iguala à união estável referida no texto constitucional, no que esta acaba fazendo as vezes, em termos de consequências, do casamento. Gera, quando muito, a denominada sociedade de fato" (BRASIL, 2008).

Interpretando referido julgado, conclui-se que o Supremo Tribunal Federal entendeu que todas as uniões estáveis constituídas paralelamente ao casamento não configuram família, pois o art. 1.727 do Código Civil estabelece que relações não eventuais entre o homem e mulher impedidos de casar constituem concubinato (BRASIL, 2002).

Ocorre que o STF não levou em consideração o fato de a esposa ter conhecimento sobre a existência da união estável mantida por seu marido com outra mulher, o que caracteriza o requisito da boa-fé objetiva, necessário para o reconhecimento de direitos às famílias simultâneas.

No julgamento do Mandando de Segurança n. 33.555 (BRASIL, 2015), de relatoria da ministra Cármen Lúcia, o Supremo Tribunal Federal seguiu o entendimento firmado no RE n. 397.762 (BRASIL, 2008), que decidiu pela impossibilidade do reconhecimento jurídico de união estável e de casamento concomitantes.

Na fundamentação de seu voto, a ministra argumentou que:

> Na espécie vertente, o reconhecimento da ausência de base legal para o rateio da pensão entre as viúvas e as alegadas companheiras está fundado na impossibilidade jurídica de concomitância dessas duas situações, como expresso no julgamento do Recurso Extraordinário n. 397.762/BA, quando assentada a distinção entre os institutos da união estável e do concubinato, sendo este inadmitido no sistema previdenciário brasileiro (BRASIL, 2015).

Da mesma forma, o STF, ao negar o rateio da pensão entre a viúva e a companheira do falecido, entendeu pela impossibilidade de se reconhecer duas famílias simultâneas, pois a segunda união caracterizaria concubinato e não ensejaria proteção legal.

Seguindo o mesmo entendimento, o Superior Tribunal de Justiça, no julgamento do Recurso Especial n. 674.176, de relatoria do ministro Nilson Naves, negou o rateio de pensão por morte entre a viúva e a companheira, por entender que eventual relacionamento extraconjugal trata-se de relação adulterina, não merecendo proteção jurídica (BRASIL, 2009).

O ministro relator argumentou que:

> Em razão do próprio regramento constitucional e infraconstitucional, a exigência para o reconhecimento da união estável é que ambos, o segurado e a companheira, sejam solteiros, separados de fato ou judicialmente, ou viúvos, que convivam como entidade familiar, ainda que não sob o mesmo teto, excluindo-se, assim, para fins de reconhecimento de união estável, as situações de concomitância, é dizer, de simultaneidade de relação marital (BRASIL, 2009).

No julgamento do REsp 674.176, o STJ entendeu ser necessário, para a configuração da união estável, que os companheiros sejam solteiros, separados de fato, separados judicialmente, divorciados ou viúvos, pois o ordenamento jurídico não permite a simultaneidade de relação marital (BRASIL, 2009).

Na mesma linha de raciocínio, o STJ, no julgamento do Recurso Especial n. 789.293, também negou o reconhecimento de direitos a união estável putativa, sob o argumento de que o ordenamento jurídico não permite uniões concomitantes, ainda que a segunda companheira não tenha conhecimento da existência de família pretérita (BRASIL, 2006).

O ministro Carlos Alberto Menezes argumentou que:

> Mantendo o autor da herança união estável com a mulher, o posterior relacionamento com outra, sem que se haja

> desvinculado da primeira, com quem continuou a viver como se fossem maridos e mulher, não há como configurar união estável concomitante, incabível a equiparação ao casamento putativo (BRASIL, 2006).

Neste caso, o Superior Tribunal de Justiça não concedeu a união estável o mesmo tratamento dado ao casamento putativo, previsto no art. 1.561 do Código Civil (BRASIL, 2002), abordando os institutos de forma distinta, o que viola o princípio da isonomia.

Ocorre que o panorama jurisprudencial pode ser alterado, pois o Supremo Tribunal Federal poderá reconhecer direitos previdenciários às duas companheiras que viviam uniões estáveis simultâneas com o falecido à época do óbito. Isso porque encontra-se pendente de julgamento o Recurso Extraordinário n. 1045273, que poderá alterar o tratamento dado à matéria.

No julgamento do referido recurso, o ministro relator, Alexandre de Morais, acompanhado pelos vogais, Ricardo Lewandowski e Gilmar Mendes, entendeu pela impossibilidade de se reconhecer juridicamente duas uniões estáveis paralelas, argumentando que: "Na verdade, o que se pede é o reconhecimento retroativo da bigamia para fins de rateio da pensão por morte" (BRASIL, 2019).

O ministro vogal Edson Fachin, acompanhado pelos ministros Roberto Barroso, Rosa Weber, Cármen Lúcia e Marco Aurélio, apresentou voto divergente, e decidiu pelo reconhecimento de direito às uniões estáveis simultâneas, desde que presente o requisito da boa-fé objetiva (BRASIL, 2019).

O ministro Edson Fachin argumentou que:

> [...] Por isso assento desde logo que é possível o reconhecimento de efeitos *post mortem* previdenciários a uniões estáveis concomitantes, desde que presente o requisito da boa-fé objetiva. É certo que, em termos dilatados, o tema acolhido para o desate neste STF tem conexões diversas à luz da hermenêutica constitucional adequada sobre famílias, direitos, deveres, sob os limites e as possibilidades da Constituição da República (BRASIL, 2019).

E ainda propôs a seguinte tese: "É possível o reconhecimento de efeitos previdenciários póstumos a uniões estáveis concomitantes, desde que presente o requisito da boa-fé objetiva" (BRASIL, 2019).

O voto do ministro Edson Fachin segue os princípios norteadores do Direito de Família e vai de encontro com o sistema de inclusão que vigora no ordenamento jurídico.

A tendência é que o Supremo Tribunal Federal, no julgamento do Recurso Extraordinário n. 1045273, reveja seu antigo posicionamento e, seguindo a jurisprudência dos tribunais estaduais, reconheça direitos às famílias simultâneas.

Alguns Tribunais Estaduais decidiram pelo reconhecimento de direito às uniões simultâneas e determinaram a partilha do patrimônio e o rateio da pensão por morte entre a esposa e a companheira do falecido.

No julgamento da Apelação Civil n. 70022775605, o Tribunal de Justiça do Rio Grande do Sul entendeu pela possibilidade de se partilhar, entre duas companheiras, os bens adquiridos na constância de duas uniões estáveis e afirmou que, nesse caso, o termo "meação" transmuda para "triação" em razão da duplicidade de uniões (RIO GRANDE DO SUL, 2013).

O desembargador relator asseverou que:

> Os bens adquiridos na constância da união dúplice são partilhados entre a esposa, a companheira e o réu. Meação que se transmuda em "triação", pela duplicidade de uniões. O mesmo se verifica em relação aos bens adquiridos na constância da segunda união estável. Eventual período em que o réu tiver se relacionado somente com a apelante, o patrimônio adquirido nesse período será partilhado à metade. Assentado o vínculo familiar e comprovado nos autos que durante a união o varão sustentava a apelante, restam demonstrados os pressupostos da obrigação alimentar, quais sejam, as necessidades de quem postula o pensionamento e as possibilidades de quem o supre (RIO GRANDE DO SUL, 2013).

No julgamento da Apelação Cível n. 70078719952, o Tribunal de Justiça do Rio Grande do Sul, diante da existência de duas uniões estáveis paralelas, determinou o rateio do valor devido a título de pensão por morte entre as duas companheiras do falecido, entendendo que a monogamia deve ser interpretada em conjunto com os princípios da afetividade, igualdade e dignidade da pessoa humana (RIO GRANDE DO SUL, 2005).

Na ementa do julgado, o desembargador afirmou que:

> O princípio da monogamia e dever de lealdade estabelecido em determinada época, deve ser revisto diante da evolução histórica do conceito de família, a qual está em constante evolução para se amoldar ao contexto social em que está inserida, devendo ser reconhecidos como base de sustentação os princípios de afeto, dignidade da pessoa humana e igualdade entre todos (RIO GRANDE DO SUL, 2005).

O Tribunal de Justiça do Distrito Federal, no julgamento da Apelação n. 2006.03.1.000183-9, também reconheceu juridicamente duas uniões estáveis simultâneas e assegurou todos os direitos delas advindos (DISTRITO FEDERAL, 2006).

O desembargador relator afirmou que:

> Regra geral, não se admite o reconhecimento de duas uniões estáveis concomitantes, sendo a segunda relação constituída à margem da primeira tida como concubinato ou, nas palavras de alguns doutrinadores, união estável adulterina, rechaçada pelo ordenamento jurídico. Todavia, as nuances e peculiaridades do caso concreto devem ser analisadas para uma melhor adequação das normas jurídicas regentes da matéria, tendo sempre como objetivo precípuo a realização da justiça e a proteção da entidade familiar – desiderato último do Direito de Família (Distrito Federal, 2006).

Portanto, os Tribunais Superiores têm negado o reconhecimento de direitos às famílias simultâneas em razão do princípio da monogamia, extraído do inciso VI, dos arts. 1.521 e 1.727, do Código Civil (BRASIL, 2002).

Porém, o Supremo Tribunal Federal, no julgamento do Recurso Extraordinário n. 104.5273, que ainda encontra-se pendente de julgamento[1], poderá mudar seu entendimento e reconhecer direitos às uniões paralelas para determinar o rateio da pensão por morte entre as companheiras do falecido.

Já o Tribunal de Justiça do Rio Grande do Sul (2013) e o Tribunal de Justiça do Distrito Federal e Territórios (2006), reconheceram direitos às famílias simultâneas, levando em consideração os princípios da afetividade, autonomia privada, pluralidade familiar, intervenção mínima do estado no direito de família e a dignidade da pessoa humana.

Como o Direito de Família encontra-se em constante expansão, o reconhecimento das uniões simultâneas e poliafetivas pela justiça brasileira é à medida que se impõe, não devendo ser rechaçado apenas por constar no ordenamento o princípio da monogamia que veda as relações extraconjugais.

Havendo boa-fé entre todos os envolvidos, deve-se reconhecer direitos às uniões estáveis concomitantes ou a uma única união com pluralidade de companheiros, independentemente de quaisquer aspectos morais.

---

1 Vista ao(à) Ministro(a) MIN. DIAS TOFFOLI. Decisão: Após os votos dos Ministros Alexandre de Moraes (Relator), Ricardo Lewandowski e Gilmar Mendes, que negavam provimento ao recurso extraordinário; e dos votos dos Ministros Edson Fachin, Roberto Barroso, Rosa Weber, Cármen Lúcia e Marco Aurélio, que o proviam, pediu vista dos autos o Ministro Dias Toffoli (Presidente). Falaram: pelo recorrente, o Dr. Marco Aurélio Franco Vecchi; pelo *amicus curiae* Instituto Brasileiro de Direito Previdenciário – IBDP, o Dr. Diego Monteiro Cherulle; pelo *amicus curiae* Associação de Direito de Família e das Sucessões – ADFAS, a Dra. Regina Beatriz Tavares da Silva; e, pela Procuradoria-Geral da República, a Dra. Cláudia Sampaio Marques, Subprocuradora-Geral da República. Ausentes, justificadamente, os Ministros Celso de Mello e Luiz Fux. Plenário, 25.09.2019. Disponível em: http://portal.stf.jus.br/processos/detalhe.asp?incidente=5181220. Acesso em: 17 jun. 2019.

9

CONCLUSÃO

O presente livro teve como objetivo defender o reconhecimento jurídico do poliamor, por meio da aplicação de diversas regras e princípios extraídos do ordenamento jurídico pátrio.

Foram analisadas as diversas alterações que a família sofreu ao longo do tempo, desde a origem da sociedade primitiva aos dias atuais. Neste contexto, constatou-se uma tendência na configuração do poliamor, com o aumento do número de relações ou da quantidade de companheiros dentro de um único relacionamento.

O poliamor pode ser considerado um gênero, sendo as uniões simultâneas e poliafetivas, suas espécies. As uniões simultâneas envolvem a situação em que uma pessoa que já integra um núcleo familiar, constitui outras famílias, na constância da primeira. A união poliafetiva, por sua vez, envolve apenas um núcleo familiar, com diversos participantes que se relacionam mutuamente e que têm a intenção de constituir uma única família.

O reconhecimento jurídico do poliamor encontra amparo em diversos princípios constitucionais e legais, como dignidade da pessoa humana, afetividade, intervenção mínima do estado no direito de família, autonomia privada, pluralidade das entidades familiares, boa-fé objetiva e estado laico.

A evolução da sexualidade e a cultura consumerista psicologizante que vigora na sociedade, influenciam, significativamente, na configuração do poliamor, quebrando o paradigma de que o amor deve ser único, singular e indivisível.

O fato de o Conselho Nacional de Justiça ter vedado que os Cartórios de Notas lavrem escritura pública de união entre três ou mais pessoas não impede sua configuração, nem torna nulos eventuais pactos de convivência formalizados por instrumentos particulares, pois, assim como uma simples união estável, a união poliafetiva é um fato da vida, não dependendo de qualquer formalidade para sua configuração.

Restando configurado o poliamor, sejam as uniões simultâneas, sejam as poliafetivas, reflexos consideráveis surgirão no Direito de Família, no Direito das Sucessões e no Direito Previdenciário.

No Direito de Família, haverá uma alteração substancial na forma de se partilhar o patrimônio, além de gerar inúmeros reflexos na filiação e na fixação da guarda e de alimentos dos filhos menores, caso sejam dissolvidas as uniões simultâneas e poliafetivas.

No Direito das Sucessões também haverá modificação na forma de se partilhar a herança, que seguirá a ordem de vocação hereditária prevista no art. 1.829 do Código Civil, com algumas adaptações.

No Direito Previdenciário haverá alteração na forma de se promover o rateio dos benefícios da Previdência Social, de forma a abranger todos que eram casados ou viviam em união estável com o falecido na época do óbito.

Em relação à jurisprudência dos Tribunais Superiores, vale ressaltar, o Supremo Tribunal Federal e o Superior Tribunal de Justiça têm refutado o reconhecimento de direito às uniões simultâneas, contrariando o entendimento firmado pelo Tribunal de Justiça do Distrito Federal e Territórios e pelo Tribunal de Justiça do Rio Grande do Sul.

A tendência é que o STF e o STJ revejam o entendimento para reconhecer direitos ao poliamor, pois vivemos em uma sociedade plural, multicultural e democrática, em que vigora um sistema de inclusão, devendo ser aceitas e respeitadas todas as formas de pensamento.

REFERÊNCIAS

ALBUQUERQUE FILHO, Carlos Cavalcanti. Famílias simultâneas e concubinato adulterino. *In*: PEREIRA, Rodrigo da Cunha (coord.). *Anais do III Congresso Brasileiro de Direito ele Família*. Família e cidadania. O novo CCB e a *vacatio legis*. Belo Horizonte: Del Rey, 2002.

ALEXY, Robert. *Teoria de los derechos fundamentales*. Madrid: Centro de Estudios Políticos e Consitucionales, 2002.

ALMEIDA JUNIOR, Jesualdo Eduardo de. *As relações entre cônjugues e companheiros no novo Código Civil*. Rio de Janeiro: Temas & Idéias, 2004.

ALMEIDA, Priscila Araújo de. *Efeitos da paternidade socioafetiva no ordenamento jurídico brasileiro*. Disponível em: http://www.ibdfam.org.br/artigos/864/Efeitos+da+paternidade+socioafetiva+no+ordenamento+jur%C3%ADdico+brasileiro. Acesso em: 28 jun. 2019.

ALMEIDA, Renata Barbosa; RODRIGUES JUNIOR, Walsir Edson. *Direito civil famílias*. Rio de Janeiro: Lumen Juris, 2010.

ARISTÓTELES. *Ética a Nicômaco*. São Paulo: Martin Claret, 2012.

ÁVILA, Humberto. *Teoria dos princípios* .9. ed. São Paulo: Malheiros, 2009.

AZEVEDO, Álvaro Villaça de. *Estatuto da família de fato*: de acordo com o novo Código Civil, Lei n. 10.406, de 10-01-2002. 2. ed. São Paulo: Atlas, 2002.

BARROS, Sergio Resende. *Direitos humanos e direito de família*. 2002. Disponível em: http://www.srbarros.com.br/artigos.php?TextID=85. Acesso em: 16 set. 2019.

BAUMAN, Zygmunt. *Amor líquido*. Sobre a fragilidade dos laços humanos. Tradução de Carlos Alberto Medeiros. Rio de Janeiro: Jorge Zahar, 2004.

BERQUÓ, Elza. Arranjos Familiares no Brasil: uma visão demográfica. *In*: Fernando A. Novais (coord.) e Lilia Moritz Schwarcz (org.). *História da vida privada no Brasil* – Contrastes da intimidade contemporânea. São Paulo: Companhia das Letras, 1998. v. 4. p. 412-438.

BEVILÁQUA, Clovis. *Direito de família*. Recife: Ramiro M. Costa, 1986. BOBBIO, Norberto. *A era dos direitos*. São Paulo: Campus, 1992.

BRASIL, *Lei 8.971/94*. Brasília, DF: Senado Federal 1994. Disponível em: http://www.planalto.gov.br/ccivil_03/LEIS/L8971.htm. Acesso em: 26 dez. 2018.

BRASIL. Supremo Tribunal Federal. *Mandado de Segurança 33.555*, Primeira Turma, Relator: Ministra. Cármen Lúcia. Disponível em: http://redir.stf.jus.br/paginadorpub/paginador.jsp?docTP=TP&docID=9730746. Acesso em: 21 dez. 2018.

BRASIL. *Código Civil brasileiro*. Brasília, DF: Senado Federal 2.002. Disponível em: http://www.planalto.gov.br/ccivil_03/leis/2002/l10406.htm. Acesso em: 21 dez. 2018.

BRASIL. *Código Civil dos Estados Unidos do Brasil*. Brasília, DF: Senado Federal 1916. Disponível em: http://www.planalto.gov.br/Ccivil_03/leis/L3071.htm. Acesso em: 21 dez. 2018.

BRASIL. Conselho Nacional de Justiça. *Pedido de Providencia n. 0001459-08.2016.2.00.0000*. Plenário. Relator Ministro João Otávio de Noronha. Disponível em http://www.cnj.jus.br/noticias/cnj/87073-cartorios-sao-proibidos-de-fazer-escrituras-publicas-de-relacoes-poliafetivas. Acesso em: 15 nov. 2019.

BRASIL. *Constituição da República Federativa de 1.988*. Disponível em: http://www.planalto.gov.br/ccivil_03/constituicao/constituicao.htm. Acesso em 21 dez. 2018.

BRASIL. *Lei 13.058/2014*. Brasília, DF: Senado Federal 2014. Disponível em: http://www.planalto.gov.br/ccivil03/ato2011-2014/2014/lei/l13058.htm. Acesso em: 28 dez. 2019.

BRASIL. *Lei 4.121/62*. Brasília, DF: Senado Federal 1962. Disponível em: http://www.planalto.gov.br/CCIVIL_03/LEIS/1950-1969/L4121.htm. Acesso em: 21 mar. 2020.

BRASIL. *Lei 4.242/63*. Brasília, DF: Senado Federal 1963. Disponível em: http://www.planalto.gov.br/ccivil_03/LEIS/L4242.htm. Acesso em: 21 mar. 2020.

BRASIL. *Lei 4.297/63*. Brasília, DF: Senado Federal 1963. Disponível em: http://www.planalto.gov.br/ccivil_03/LEIS/1950-1969/L4297.htm. Acesso em: 21 mar. 2020.

BRASIL. *Lei 5.890/73*. Brasília, DF: Senado Federal 1973. Disponível em: http://www.planalto.gov.br/ccivil_03/LEIS/L5890.htm. Acesso em: 21 dez. 2018.

BRASIL. *Lei 6.015/73*. Brasília, DF: Senado Federal 1.973. Disponível em: http://www.planalto.gov.br/ccivil_03/leis/L6015compilada.htm, Acesso em: 21 out. 2019.

BRASIL. *Lei 6.515/77*. Brasília, DF: Senado Federal 1977. Disponível em: http://www2.camara.leg.br/legin/fed/lei/1970-1979/lei-6515-26-dezembro-1977-366540-normaatualizada-pl.html. Acesso em: 26 dez. 2018.

BRASIL. *Lei 8.009/90*. Brasília, DF: Senado Federal. 1990. Disponível em: http://www.planalto.gov.br/ccivil_03/LEIS/L8009.htm: Acesso em: 22 out. 2019.

BRASIL. *Lei 8.069/90*. Brasília, Senado Federal 1990, Disponível em: http://www.planalto.gov.br/ccivil_03/leis/l8069.htm. Acesso em: 28 jun. 2019.

BRASIL. *Lei 8.213/91*. Brasília, DF: Senado Federal 1991. Disponível em: http://www.planalto.gov.br/ccivil_03/LEIS/L8213cons.htm. Acesso em: 28 dez. 2018.

BRASIL. *Lei 9.278/96*. Brasília, DF: Senado Federal 1996. Disponível em: http://www.planalto.gov.br/ccivil_03/LEIS/L9278.htm. Acesso em: 26 dez. 2018.

BRASIL. *Portaria n. 513/2010*, Brasília, DF; Ministério do Estado da Previdência Social. 2010. Disponível em: http://pesquisa.in.gov.br/imprensa/jsp/visualiza/index.jsp?jornal=1&pagina=71&data=10/12/2010. Acesso em: 20 set. 2019.

BRASIL. *Provimento 63/2017*. Brasília, DF. Conselho Nacional de Justiça. Disponível em https://atos.cnj.jus.br/atos/detalhar/atos-normativos?documento=2525. Acesso em: 27 maio 2020.

BRASIL. *Provimento 83/2019*. Brasília, DF. Conselho Nacional de Justiça. Disponível em: https://atos.cnj.jus.br/atos/detalhar/2975. Acesso em: 27 maio 2020.

BRASIL. Superior Tribunal de Justiça. *RESP 1.403.419*.Terceira Turma, Relator: Ministro Ricardo Villas Boas Cueva. Disponível em: https://stj.jusbrasil.com.br/jurisprudencia/153675501/recurso-especial-resp-1403419 mg-2013-0304757-6/relatorio-e-voto-153675516?ref=juris-tabs. Acesso em: 21 dez. 2018.

BRASIL. Superior Tribunal de Justiça. *RESP 1.481.531*. Terceira Turma, Relator: Ministro Moura Ribeiro. Disponível em: https://scon.stj.jus.br/SCON/jurisprudencia/toc.jsp?livre=ASTREINTES+DIREITO+DE+VIS ITAS&tipo_visualizacao=RESUMO&b=ACOR. Acesso em: 18 out. 2019.

BRASIL. Superior Tribunal de Justiça. *RESP 1.713.167*. Quarta turma. Relator: Luis Felipe Salomão. Disponível em: http://www.stj.jus.br/docs_internet/informativos/PDF/Inf0634.pdf. Acesso em: 22 out. 2019.

BRASIL. Superior Tribunal de Justiça. *RESP 1.087.561*. Quarta turma. Relator Raul Araújo. Disponível em: https://ww2.stj.jus.br/processo/revista/documento/mediado/?componente=ATC&sequencial= 69004701&num_registro=200802013280&data=20170818&tipo=51&formato=PDF. Acesso em: 22 maio 2020.

BRASIL. Superior Tribunal de Justiça. *RESP 182.223*. Sexta Turma, Relator: Luiz Vicente Cernicchiaro Disponível em: https://ww2.stj.jus.br/processo/pesquisa/?tipoPesquisa=tipoPesquisaNumeroRegistro&termo= 199800527648&totalRegistrosPorPagina=40&aplicacao=processos.ea. Acesso em: 15 mar. 2020.

BRASIL. Superior Tribunal de Justiça. *RESP 205.470*. Quinta turma. Relator Gilson Dipp. Disponível em: https://ww2.stj.jus.br/processo/ita/documento/mediado/?num_registro=199900171195&dt_pu blicacao=07-02-2000&cod_tipo_documento=1&formato=PDF. Acesso em: 22 out. 2019.

BRASIL. Superior Tribunal de Justiça. *RESP 646.259*. Quarta Turma, Relator: Ministro João Otávio de Noronha. Disponível em: https://stj.jusbrasil.com.br/jurisprudencia/16827288/recurso-especial-resp-646259-rs-2004-0032153-9-stj/relatorio-e-voto-16827290?ref=juris-tabs. Acesso em: 21 dez. 2018.

BRASIL. Superior Tribunal de Justiça. *RESP 674.176*. Sexta Turma, Relator: Ministro Hamilton Carvalhido Disponível em: http://www.stj.jus.br/SCON/jurisprudencia/toc.jsp?i=1&b=ACOR&livre=((%27RESP%27.cl as.+e+@num=%27674176%27)+ou+(%27RESP%27+adj+%27674176%27.suce.))&thesauru s=JURIDICO&fr=veja. Acesso em: 16 dez. 2018.

BRASIL. Superior Tribunal de Justiça. *RESP 697.762*. Sexta Turma, Relator: Ministro Nilson Naves. Disponível em: https://stj.jusbrasil.com.br/jurisprudencia/6061409/recurso-especial-resp-674176-pe-2004-0099857-2/inteiro-teor-12195068?ref=juris-tabs. Acesso em: 21 dez. 2018.

BRASIL. Superior Tribunal de Justiça. *RESP 789.293*. Terceira turma, Relator: Ministro Carlos Alberto Menezes. Disponível em: https://stj.jusbrasil.com.br/jurisprudencia/7173239/recurso-especial-resp-789293-rj 2005-0165379-8/inteiro-teor-12903550. Acesso em: 21 dez. 2018.

BRASIL. Superior Tribunal de Justiça. *Súmula 364*. Disponível em: https://ww2.stj.jus.br/docs_internet/revista/eletronica/stj-revista-sumulas 2012_32_cap Sumula 364.pdf. Acesso em: 22 out. 2019.

BRASIL. Superior Tribunal Federal. *Súmula 380*. Disponível em: http://www.stf.jus.br/portal/jurisprudencia/menuSumarioSumulas.asp?sumula=2482. Acesso em: 22 mar. 2020.

BRASIL. Supremo Tribunal Federal. *ADI 4.277 RJ*, Plenário. Relator: Min. Ayres Britto, Disponível em: http://stf.jus.br/portal/jurisprudencia/listarJurisprudencia.asp?s1=%28ADI+4277%29&pagina=2&base=baseAcordaos&url=http://tinyurl.com/y7pyd3o2. Acesso em: 21 dez. 2018.

BRASIL. Supremo Tribunal Federal. *ADPF 132 RJ*, Plenário, Relator: Min. Ayres Britto, Disponível em: http://stf.jus.br/portal/jurisprudencia/listarJurisprudencia.asp?s1=%28ADI+4277%29&pagina=2&base=baseAcordaos&url=http://tinyurl.com/y7pyd3o2. Acesso em: 21 dez. 2018.

BRASIL. Supremo Tribunal Federal. *REXT 1045273*. Plenário. Relator Alexandre de Morais. Disponível em: http://portal.stf.jus.br/processos/detalhe.asp?incidente=5181220. Acesso em: 07 out. 2019.

BRASIL. Supremo Tribunal Federal. *REXT 397.762 BA*, Primeira Turma, Relator: Ministro Marco Aurélio. Disponível em: http://www.stf.jus.br/portal/processo/verProcessoAndamento.asp?numero=397762&classe=R E&origem=AP&recurso=0&tipoJulgamento=M. Acesso em: 21 dez. 2018.

BRASIL. Supremo Tribunal Federal. *REXT 878.694*. Plenário. Relator: Ministro Roberto Barroso. Disponível em: http://redir.stf.jus.br/paginadorpub/paginador.jsp?docTP=TP&docID=14300644. Acesso em: 21 dez. 2018.

BRASIL. Supremo Tribunal Federal. *REXT n. 898.060*. Plenário. Relator Luiz Fux Disponível em: http://www.stf.jus.br/portal/cms/verNoticiaDetalhe.asp?idConteudo=325781. Acesso em: 21 dez. 2018.

BRASIL. Supremo Tribunal Federal. *Súmula 377*. Disponível em: http://www.stf.jus.br/portal/jurisprudencia/menuSumarioSumulas.asp?sumula=4022. Acesso 21 dez. 2018.

BRASIL. Supremo Tribunal Federal. *Súmula 382*. Disponível em: http://www.stf.jus.br/portal/jurisprudencia/listarJurisprudencia.asp?s1=382.NUME.%20NAO%20S.FLSV.&base=baseSumulas. Acesso em: 22 out. 2019.

BRASIL. Tribunal Federal de Recursos. *Súmula 122*. Disponível em: https://www.legjur.com/sumula/busca?tri=tfr&num=122. Acesso em: 20 set. 2019.

BRETAS, Valéria. *Por que mais brasileiros estão morando sozinhos?* Disponível em: https://exame.abril.com.br/brasil/por-que-mais-brasileiros-estao-morando-sozinhos. Acesso em: 22 out. 2019.

BRUNO, Denise Duarte. Guarda Compartilhada. *Revista Brasileira de Direito de Família*, Porto Alegre: IBDFAM/Síntese, n. 12, 2002.

CAHALI, Yussef Said. *Dos alimentos*. 5. ed. São Paulo: Revista dos Tribunais, 2006.

CANOTILHO, J. J. Gomes. *Direito constitucional e teoria da Constituição*. 7. ed. Coimbra: Almedina, 2003.

CARDIN, Valéria Silva Galdino; HIRONAKA, Giselda Maria Fernandes Novaes; CHAVES, Isivone Pereira (coord.). *Direito de família e das sucessões* [Recurso eletrônico on-line] organização CONPEDI/ UFG / PPGDP. Florianópolis: CONPEDI, 2019. Disponível em: http://conpedi.danilolr.info/publicacoes/no85g2cd/rn5j570u/698MDpUq1H0FEJBB.pdf. Acesso em: 10 set. 2019.

CASSETTARI, Christiano. *Multiparentalidade e parentalidade socioafetiva*: efeitos jurídicos. 3. ed. rev., atual., e ampl. São Paulo: Atlas, 2017.

CATEB, Salomão de Araújo. *Direito das sucessões*. 8. ed. São Paulo: Atlas, 2015.

CHAVES, Marianna. *Disputa de guarda de animais de companhia em sede de divórcio e dissolução de união estável*: reconhecimento da família multiespécie? Disponível em: http://www.ibdfam.org.br/artigos/1052/Disputa+de+guarda+de+animais+de+compa-nhia+em+sede+de+div%C3%B3rcio+e+dissolu%C3%A7%C3%A3o+de+uni%C3%A3o+est%C3%A1vel%3A+reconhecimento+da+fam%C3%ADlia+multiesp%C3%A9cie%3F. Acesso em: 8 set. 2019.

CHAVES, Marianna. Famílias paralelas. *Revista Jus Navigandi*, Teresina, ano 16, n. 2.748, 9 jan. 2011. Disponível em: https://jus.com.br/artigos/18233. Acesso em: 8 nov. 2019.

COMPARATO. Fabio Konder. *A afirmação histórica dos direitos humanos*. 8. ed. São Paulo: Saraiva: São Paulo, 2013.

COSTA, Ana Surany Martins. Os novos arranjos familiares que alteram afeição da família tradicional à luz do direito civil: o afeto como bem jurídico. *Revista Jurídica da Presidência*. Brasília, v. 13, n. 100, jul./set. 2011, p. 317-342. Disponível em: https://revistajuridica.presidencia.gov.br/index.php/saj/article/view/160/153. Acesso em: 22 out. 2019.

COSTA, Jurandir Freire. Família e dignidade humana. *In*: PEREIRA, Rodrigo da Cunha (org.). Família e dignidade humana. *Anais V Congresso Brasileiro de Direito de Família*. São Paulo: IOB Thomson, 2006.

COULANGES, Numa-Denys Fustel. *A cidade antiga*. Disponível em: http://www.ebooksbrasil.org/adobeebook/cidadeantiga.pdf. Acesso em: 6 maio 2020.

CUNHA, Matheus Antônio. *O conceito de família e sua evolução histórica*. Disponível em: http://investidura.com.br/biblioteca-juridica/artigos/historia-do-direito/170332-oconceito-de-familia-e-sua-evolucao-historica. Acesso em: 21 set. 2019.

DIAS, Maria Berenice. Guarda compartilhada dos pais e duplo domicílio dos filhos. *IBDFAM na Mídia*. Disponível em: https:///www.ibdfam.org.br/artigos/1263/Guarda+compartilhada+dos+pais+e+duplo+domic%C3%ADlio+dos+filhos. Acesso em: 28 jun. 2019.

DIAS, Maria Berenice. *Manual de direito das famílias*. 10. ed. São Paulo: Revista dos Tribunais, 2015.

DIAS, Maria Berenice. *Manual de direito das famílias*. 11. ed. São Paulo: Revista dos Tribunais, 2016.

DIAS, Maria Berenice. *Manual de direito das famílias*. 5. ed. São Paulo: Revista dos Tribunais, 2009.

DIAS, Maria Berenice; PEREIRA, Rodrigo da Cunha. *Afeto, ética, família e o novo Código Civil*. Belo Horizonte: Del Rey, 2004.

DINIZ, Maria Helena. *Curso de direito civil brasileiro*. 22. ed. São Paulo: Saraiva, 2007.

DISTRITO FEDERAL E TERRITORIOS. Tribunal de Justiça. *Apelação Cível n. 2006.03.1.000183-9*. 1ª Turma Cível, Relator. Desembargador Nívio Geraldo Gonçalves. Disponível em: https://tj-df.jusbrasil.com.br/jurisprudencia/6587255/apelacao-ci-vel-apl 1838320068070003-df-0000183-8320068070003/inteiro-teor-102047795#. Acesso em: 21 dez. 2018.

DUGAN, Emily. *A vingança de Gräfenberg*. Disponível em: https://www1.folha.uol.com.br/fsp/ciencia/fe2402200806.htm. Acesso em: 24 set. 2018.

DWORKIN, Ronald. *Levando os direitos a sério*. São Paulo: Martins Fontes, 2002.

ENGELS, Friedrich. *A origem da família, da propriedade privada e do estado*. 3. ed. São Paulo: Escala. 2009.

FACHIN, Luiz Edson. Elementos críticos do direito de família. *In*: LIRA, Ricardo Pereira (coord.). *Curso de direito civil*. Rio de Janeiro: Renovar, 1999.

FARIAS Cristiano Chaves; ROSENVALD, Nelson. *Curso de direito civil*: famílias. 7. ed. rev. ampl. e atual. São Paulo: Atlas, 2015.

FARIAS, Cristiano Chaves; ROSENVALD, Nelson. *Direito das famílias*. 2. ed. Rio de Janeiro: Lumen Juris, 2009.

FERRARINI, Leticia. *Famílias simultâneas e seus efeitos jurídicos*: pedaços da realidade em busca da dignidade. Porto Alegre: Livraria do Advogado, 2010.

FERREIRA, Jussara Suzi Assis Borges Nasser; RÔRHMANN, Konstanze. As famílias pluriparentais ou mosaicos. *In*: PEREIRA, Rodrigo da Cunha (coord.). *Anais do IV Congresso Brasileiro de Direito de Família*. Família e dignidade humana. Belo Horizonte: IBDFAM, 2006.

FIUZA, César Augusto de Castro. *Direito civil*: curso completo. 11. ed. Belo Horizonte: Del Rey, 2008.

FIUZA, César Augusto de Castro; POLI, Luciana Costa. Famílias plurais o direito fundamental à família. *Rev. Fac. Direito UFMG*, Belo Horizonte, n. 67, p. 151-180, jul./dez. 2015. Disponível em: http://www.direito.ufmg.br/revista/index.php/revista/article/view/1730. Acesso em: 12 out. 2019.

FOUCAULT, Michel. *História da sexualidade I*: A vontade de saber. Tradução de Maria Thereza da Costa Albuquerque e J. A. Guilhon Albuquerque. Rio de Janeiro: Graal, 1988. Disponível em: https://edisciplinas.usp.br/pluginfile.php/2940534/mod_resource/content/1/Hist%C3%B3ria-da-Sexualidade-1-A-Vontade-de-Saber.pdf. Acesso em: 26 dez. 2018.

FRANÇA, Matheus Gonçalves. *Além de dois existem mais*: estudo antropológico sobre poliamor em Brasília/DF. 2016. 136 f. Dissertação (Mestrado em Antropologia Social) – Instituto de Ciências Sociais, Universidade de Brasília, Brasília, 2016.

GAGLIANO, Pablo Stolze. *Direitos da (o) amante – na teoria e na prática (dos Tribunais)*. LFG, 2011. Disponível em: http://www.lfg.com.br. Acesso em: 22 out. 2019.

GAGLIANO, Pablo Stolze. O que se entende por poliamorismo? *In*: Curso Luiz Flavio Gomes. *Curso intensivo regular.* Matéria: direito de família – parte II. Conteúdo: Concubinato consentido. Data da aula: 03 jul. 2008. Vídeo disponível em: http://www.lfg.com.br/publichtml/article.php?story=20080728100506138. Acesso em: 25 maio 2018.

GAGLIANO, Pablo Stolze; PAMPLONA FILHO, Rodolfo. *Novo curso de direito civil – Direito de Família*: as famílias em perspectiva constitucional. 3. ed. São Paulo: Saraiva, 2017.

GALUPPO, Marcelo Campos. Princípios jurídicos e a solução dos seus conflitos: a contribuição da obra de Alexy. *Revista da Faculdade Mineira de Direito*, Belo Horizonte, v. 1, n. 2, 2º sem. 1998.

GOECKS, Renata Miranda; OLTRAMARI, Vitor Hugo. A possibilidade do reconhecimento da união estável putativa e paralela como entidade familiar frente aos princípios constitucionais aplicáveis. *Revista IOB de Direito de Família*. Porto Alegre: Síntese, v. 9, n. 45, p. 120-135, dez/jan. 2008.

GOMES, Orlando. *O novo direito de família*. Porto Alegre: Sérgio Antonio Fabris, 1984.

GONÇALVES, Carlos Roberto. *Direito civil brasileiro*. 11. ed. São Paulo: Saraiva, 2014.

GURGEL, Fernanda Pessanha do Amaral. *O princípio da boa-fé objetiva no direito de família*. 2018. Dissertação (Mestrado em Direito) – Pontifícia Universidade Católica de São Paulo. Disponível em: https://tede2.pucsp.br/bitstream/handle/8093/1/Fernanda%20Pessanha%20do%20Amaral%20 Gurgel.pdf. Acesso em: 22 out. 2019.

GUSTIN, Miracy Barbosa de Sousa. *Das necessidades humanas aos direitos*: ensaio de sociologia e filosofia do direito. Belo Horizonte: Del Rey, 1999.

HIRONAKA, Giselda Maria Fernanda Novaes. Família e casamento em evolução. *Revista Brasileira de Direito de Família*. Porto Alegre, v. I, p. 7-17, abr./jun. 1999.

HIRONAKA, Giselda Maria Fernandes Novaes. A cláusula de "melhores esforços" nos contratos. *In*: *Novo Código Civil – interfaces do ordenamento jurídico*. Belo Horizonte: Del Rey, 2004.

HIRONAKA, Giselda Maria Fernandes Novaes. *Direito civil*: estudos. Belo Horizonte: Del Rey, 2000.

INSTITUTO BRASILEIRO DE DIREITO DE FAMÍLIA – IBDFAM. *Direito de família na mídia*. Países onde a poligamia (legal ou não) é comum. 2007. Disponível em: http://ibdfam.org.br/noticias/na midia/1998/Pa%C3%ADses+onde+a+poligamia+(legal+ou+n%C3%A3o)+%C3%A9+%20co mum. Acesso em: 10 maio 2020.

JULIANI, Maihara Gimena. *A teoria tridimensional da paternidade aplicada ao reconhecimento de filho*: uma leitura a partir dos princípios constitucionais da igualdade e da dignidade. 2013. Trabalho de Conclusão apresentado ao Curso de Graduação em Direito da Universidade Federal de Santa Catarina. Disponível em: https://repositorio.ufsc.br/bitstream/handle/123456789/104296/TCCMaiharaGimenaJuliani.pdf?sequence=1&isAllowed=y. Acesso em: 5 out. 2019.

LEITE, Eduardo de Oliveira. *Família monoparentais*. São Paulo: RT, 1977.

LÉVI-STRAUSS, Claude; GOUGH, Kathleen; SPIRO, Melford. *A família*: origem e a evolução. Porto Alegre: Rosa dos Ventos, 1980.

LINS, Regina Navarro. *A cama na varanda*. Arejando nossas ideias a respeito de amor e sexo. Edição revista e ampliada. Rio de Janeiro: Best Seller, 2013.

LINS, Regina Navarro. *Na maioria dos casamentos observa-se o conflito entre a diminuição do desejo e o aumento da ternura*. Disponível em: http://reginanavarro.blogosfera.uol.com.br/. Acesso em: 18 out. 2016.

LIPOVETSKY, Gilles. *Os tempos hipermodernos*. Tradução de Mario Villela. São Paulo: Barcarolla, 2004.

LOBO, Paulo. Direito ao estado de filiação e direito à origem genética: uma distinção necessária. *Revista Brasileira de Direito de Família*. Porto Alegre: IBDFAM/Síntese, ano V, n. 19, ago./set. 2003.

LOBO, Paulo. *Direito civil*. Famílias. 8. ed. São Paulo: Saraiva. 2018. v. 5.

MADALENO, Rolf. *Curso de direito de família*. Rio de Janeiro: Forense, 2008.

MADALENO, Rolf. *Direito de família*: 8. ed. rev. atual e ampl. Rio de Janeiro. Forense, 2018

MADALENO, Rolf. *Direito de família*: aspectos polêmicos. Porto Alegre: Livraria do Advogado, 1998.

MADALENO, Rolf. *Laços que ficam e paternidade alimentar*. Disponível em: https://www.rolfmadaleno.com.br/web/artigo/lacos-que-ficam-e-paternidade-alimentar. Acesso em: 5 out. 2019.

MARTINS-COSTA, Judith. *A boa-fé no direito privado*: sistema e tópica no processo obrigacional. São Paulo: RT 1999.

MATOS, Ana Carla Harmatiuk. "Novas" entidades familiares e seus efeitos jurídicos. *In*: PEREIRA, Rodrigo da cunha (coord.). *Família e solidariedade*: teoria e prática no direito de família. Rio de Janeiro: IBDFAM/Lumen Juris, 2008.

PEREIRA, Caio Mário da Silva. *Instituições de direito civil*. Atualizado por Maria Celina Bodin de Moraes. 12. ed. Rio de Janeiro: Forense, 2008. v. 5.

PEREIRA, Caio Mario da Silva. *Instituições de direito civil*: direito de família. 16. ed. rev. e atual. por Tânia da Silva Pereira. De acordo com o Código Civil de 2002. Rio de Janeiro: Forense, 2006.

PEREIRA, Rodrigo da Cunha. *Saiba o que é família ectogenética*. Disponível em: http://www.rodrigodacunha.adv.br/saiba-o-que-e-familia-ectogenetica. Acesso em: 21 out. 2019.

PEREIRA, Rodrigo da Cunha. *Alimentos no Código Civil*. *In:* CAHALI, Francisco José; PEREIRA, Rodrigo da Cunha (coord.). São Paulo: Saraiva, 1997.

PEREIRA, Rodrigo da Cunha. *Coparentalidade abre novas formas de estrutura familiar*. Disponível em: http://www.rodrigodacunha.adv.br/coparentalidade-abre-novas-formas-de-estrutura-familiar. Acesso em: 20 set. 2019.

PEREIRA, Rodrigo da Cunha. *Dicionário de direito de família e sucessões*. São Paulo: Saraiva, 2015.

PEREIRA, Rodrigo da Cunha. *Direito de família*. Uma abordagem psicanalítica. 4. ed. Rio de Janeiro: Forense, 2012.

PEREIRA, Rodrigo da Cunha. *Família multiespécie é tema do programa diálogos do direito de família*. Disponível em: http://www.rodrigodacunha.adv.br/familia-multiespecie-e-tema-programa-dialogos-direito-de-familia. Acesso em: 22 out. 2019.

PEREIRA, Rodrigo da Cunha. *Guarda compartilhada x guarda alternada*: saiba no que se diferem. 2017. Disponível em: http://www.ibdfam.org.br/noticias/6327/Guarda+Compartilha da+X+Guarda+Alternada%3A+ saiba+no+que+se+diferem. Acesso em: 5 out. 2019.

PESSOA, Eduardo. *História do direito romano*. São Paulo: Habeas Editora, 2001.

PIANOVSKI, Carlos Eduardo. Famílias simultâneas e monogamia. *In*: PEREIRA, Rodrigo da Cunha (org.). *Anais do V Congresso Brasileiro de Direito de Família*. São Paulo: IOB Thomson, 2006. p. 193-221.

PIANOVSKI, Carlos Eduardo. *Famílias simultâneas*: da unidade codificada à pluralidade constitucional. Rio de Janeiro: Renovar, 2005.

PINHEIRO, Raphael Fernando. A positivação da felicidade como direito fundamental: o projeto de emenda Constitucional n. 19/19. *In: Âmbito jurídico*, Rio Grande, XV, n. 100 maio

2012. Disponivel em: http://WWW.ambito – jurídico.com.br/site/index.php?n_link=revista_artigos_leitura&artigo_id=11701&revista_cad erno=9>. Acesso em: maio 2018.

PLATÃO. *Os pensadores*. São Paulo. Nova Cultura, 1999.

PORTES JÚNIOR, Otávio de Abreu; FIUZA, César Augusto de Castro. Poliamor: abordagem jurídica acerca das uniões simultâneas e poliafetivas. *Revista Merium*, Belo Horizonte, v. 14, n. 2, p. 376-402, jul./dez. 2019. Disponível em: http://www.fumec.br/revistas/meritum/article/view/7699. Acesso em: 20 jun. 2020.

PORTES JÚNIOR, Otávio de Abreu; GAMBOGI, Luís Carlos Balbino Gambogi. Família poliamorista: uma abordagem filosófica sobre as uniões simultâneas e poliafetivas. *In*: CARDIN, Valéria Silva Galdino; HIRONAKA, Giselda Maria Fernandes Novaes; CHAVES, Isivone Pereira (coord.). *Direito de família e das sucessões* [Recurso eletrônico on-line] organização CONPEDI/ UFG / PPGDP. Florianópolis: CONPEDI, 2019. Disponível em: http://conpedi.danilolr.info/publicacoes/no85g2cd/rn5j570u/698MDpUq1H0FEJBB.pdf. Acesso em: 10 set. 2019.

PÓVOAS, Maurício Cavallazzi. *Multiparentalidade*: a possibilidade de múltipla filiação registral e seus efeitos. Florianópolis: Conceito Editorial, 2012.

PRUNZEL Adrielli Mozara; KANIESKI Luana da Silva; CAPELLARI Marta Botti. *Guarda compartilhada*: uma perspectiva jurídica. Disponível em: http://www.ibdfam.org.br/_img/artigos/Guarda%20compartilhada%2006_06_2012.pdf. Acesso em: 5 out. 2019.

RAMOS, Carmen Lucia Silveira. A constitucionalização do direito privado e a sociedade sem fronteiras. *In:* FACHIN, Luiz Edson. *Repensando fundamentos do direito civil contemporâneo*. Rio de Janeiro: Renovar, 1998.

REALE, Miguel. *História do novo Código Civil*. São Paulo: RT, 2005.

RIO DE JANEIRO. Tribunal de Justiça. *Apelação Civil 0019757-79.2013.8.19.0208*, vigésima segunda câmara cível. Relator. Desembargador Marcelo Lima Buhatem. Disponível em: https://www.conjur.com.br›posse-compartilhada-cao-estimacao. Acesso em: 22 out. 2019.

RIO GRANDE DO SUL. Tribunal de Justiça. *Apelação Cível n. 70012696068*. Oitava Câmara Cível, Relator: Desembargador José Ataídes Siqueira Trindade. Disponível em: http://www1.tjrs.jus.br/site_php/consulta/consulta_acordaos.php?Numero_Processo=70022775605&code=6429&entrancia=2&id_comarca=700&nomecomarca=&orgao=TRIBUNAL%20DE%20JUSTI%C7A%20-%208.%20CAMARA%20CIVEL. Acesso em: 21 dez. 2018.

RIO GRANDE DO SUL. Tribunal de Justiça. *Apelação Cível n. 70022775605*. Oitava Câmara Civil. Relator Desembargador José Antônio Daltoé Cezar. Disponível em: https://www.tjrs.jus.br/buscas/jurisprudencia/exibe_html.php. Acesso em: 8 out. 2019.

RIO GRANDE DO SUL. Tribunal de Justiça. *Apelação Cível n. 70027032440*. Quinta Câmara Civil. Relator Desembargador Jorge Luiz Lopes do Canto. Disponível em https://www.tjrs.jus.br/site/busca-solr/index.html?aba=jurisprudencia. Acesso em: 22 maio 2020.

RIO GRANDE DO SUL. Tribunal de Justiça. *Apelação Cível n. 70045777950*. Oitava Câmara Cível. Relator Rui Portanova. Disponível em: https://www.tjrs.jus.br/site/busca-solr/index.html?aba=jurisprudencia. Acesso em: 8 out. 2019.

RIO GRANDE DO SUL. Tribunal de Justiça. *Apelação Cível n. 70078719952*. Oitava Câmara Cível. Relator José Antônio Daltoé Cezar. Disponível em: https://www.tjrs.jus.br/buscas/jurisprudencia/exibe_html.php. Acesso em: 9 out. 2019.

RIZZARDO, Arnaldo. *Direito de família*. Rio de Janeiro: Forense, 2006.

RODRIGUES JÚNIOR, Walsir Edson. *Direito civil famílias*. Rio de Janeiro. Lumen Juris, 2010.

RODRIGUES JÚNIOR, Walsir Edson. Famílias simultâneas e monogamia. *In:* PEREIRA, Rodrigo da Cunha (coord.). *Família e dignidade humana.* Anais V Congresso Brasileiro de Direito de Família. São Paulo: IOB Thomson, 2006.

RODRIGUES, Sílvio. *Direito civil:* direito de família. 28. ed. rev. e atual . São Paulo: Saraiva, 2004. v. 6.

ROLLIN, Cristiano Flores Soares. Paternidade responsável em direção ao melhor interesse da criança. *In:* PORTO, Sérgio Gilberto; Ustárroz, Daniel (org.). *Tendências constitucionais do direito de família.* Porto Alegre: Livraria do Advogado, 2003.

ROTONDANO, Ricardo Oliveira. O reconhecimento jurídico da união homoafetiva no Brasil: ponderações filosófico-sociológicas. *Cientifico.* Fortaleza, v. 15, n. 30, p. 29-44, jan./jun. 2015.

RUZYK, Carlos Eduardo Pianovski. *Famílias simultâneas*: da unidade codificada à pluridade constitucional. Rio de Janeiro: Renovar, 2005.

SARMENTO, Daniel. A vinclução dos particulares aos direitos fundamentais no direito comparado e no Brasil. *In:* BARROSO, Luis Roberto (org.). *A nova interpretação constitucional*: ponderação, direitos fundamentais e relações privadas. Rio de Janeiro: Renovar, 2006.

SCHREIBER, Anderson. *Direito civil e Constituição.* São Paulo: Atlas, 2013. *E-book.*

SCHREIBER, Anderson. O princípio da boa-fé objetiva no direito de família. *In:* PEREIRA, Rodrigo da Cunha (coord.). *Família e dignidade humana.* Anais V Congresso Brasileiro de Direito de Família. São Paulo: IOB Thomson, 2006.

SILVA, Elisa Maria Corrêa. *A fundamentação das decisões antecipatórias de tutela nas ações previdenciárias sob a perspectiva do princípio da solidariedade.* 2010. Monografia (Conclusão do curso) - Universidade de Brasília, Brasília, 2010.

SIMÃO, José Fernando; TARTUCE, Flávio. *Direito civil:* direito de família. Rio de Janeiro. Método, 2010.

STOLZE GAGLIANO, Pablo; PAMPLONA FILHO, Rodolfo. *Novo curso de direito civil.* 3. ed. rev, atual. e ampl. São Paulo: Saraiva, 2013. v. 6: Direito de família – as famílias em perspectiva constitucional.

TARTUCE, Flávio. *Manual de direito civil.* 6. ed. Rio de Janeiro. Forense, 2016. TARTUCE, Flávio. *Manual de direito civil.* 10, ed. Rio de Janeiro. Método, 2020.

TARTUCE, Flávio. O princípio da afetividade no direito de família. *Revista Consulex,* Brasília, DF, n. 378, ano XVI, 15 out. 2012, p. 28-29.

TARTUCE, Flávio. O princípio da boa-fé objetiva no direito de família. *Revista Jus Navigandi*, Teresina, ano 13, n. 1986, 8 dez. 2008. Disponível em: https://jus.com.br/artigos/12050. Acesso em: 9 out. 2019.

TEIXEIRA, Ana Carolina Brochado. *A disciplina jurídica da autoridade parental no direito civil contemporâneo.* 2004. Dissertação - Faculdade Mineira de Direito da PUCMinas, Belo Horizonte, 2004.

TEIXEIRA, Ana Carolina Brochado; RODRIGUES, Renata de Lima. Multiparentalidade como efeito da socioafetividade nas famílias recompostas. *Revista Brasileira de Direito das Famílias e das Sucessões,* Porto Alegre, n. 10, p. 39, jun./jul. 2009.

TEIXEIRA, Ana Carolina Brochado; RODRIGUES, Renata de Lima. *O direito das famílias entre a norma e a realidade.* São Paulo: Atlas, 2010.

TEIXEIRA, Sálvio de Figueiredo. *Direitos de família e do menor*: inovações e tendências. 2. ed. Belo Horizonte: Del Rey, 1992.

TEPEDINO, Gustavo. A constitucionalização do direito civil: perspectivas interpretativas diante do novo código. *In*: FIUZA, César; SÁ, Maria de Fátima Freire de; NAVES, Bruno Torquato de Oliveira (coord.). *Direito civil*: atualidades. Belo Horizonte: Del Rey, 2003. p. 115-130.

TEPEDINO, Gustavo. Novas formas de entidades familiares: efeitos do casamento e da família não fundada no matrimônio. *In*: TEPEDINO, Gustavo. *Temas de direito civil*. 3. ed. Rio de Janeiro: Renovar, 2004.

UZIEL, Ana Paula; MELLO, Luiz; GROSSI, Miriam Pillar. Conjugalidades e parentalidades de gays, lésbicas e transgêneros no Brasil. *Estudos Feministas*, v. 14, p. 481-487, 2006.

VĀTSYĀYANA. *Kama sutra*. Rio de Janeiro: Jorge Zahar, 1988.

VELLY, Ana Maria Frota. Guarda compartilhada: uma nova realidade para pais e filhos. *IBDFAM Artigos*. Disponível em: http://www.ibdfam.org.br/_img/artigos/Artigo%20 Guarda%20Compartilhada%2029_06_201 1.pdf. Acesso em: 5 maio 2019.

VIEGAS, Cláudia Mara de Almeida Rabelo. *Famílias poliafetivas*: uma análise sob a ótica da principiologia jurídica contemporânea. Belo Horizonte: D'Plácido, 2017.

VIEGAS, Cláudia Mara de Almeida Rabelo; POLI, Leonardo Macedo. O reconhecimento da família poliafetiva no Brasil: uma análise à luz dos princípios da dignidade humana, autonomia privada, pluralismo familiar e isonomia. *Revista Duc In Altum – Cadernos de Direito*, v. 7, n. 13, set./dez. 2015. Disponível em: https://www.faculdadedamas.edu.br/ revistafd/index.php/cihjur/article/view/15/15. Acesso em: 18 out. 2019.

VILAS-BOAS, Renata Malta. A doutrina da proteção integral e os princípios norteadores do direito da infância e juventude. *Âmbito Jurídico*, Rio Grande, XIV, n. 94, nov. 2011. Disponível em: http://www.ambitojuridico.com.br/site/?n_link=revista_artigos_ leitura&artigo_id=10588&rev ista_caderno=12. Acesso em: 28 jun. 2019.

WAMBIER, Teresa Celina Arruda Alvim. Um novo conceito de família-reflexos doutrinários e análise de jurisprudência. *In*. TEIXEIRA, Sálvio de Figueiredo (coord.). *Direitos de família e do menor*. 3. ed. Belo Horizonte: Del Rey, 1993.

WEISSHEIMER, Felipe Salvador. *Ars erotica x scientia sexualis*: conceitos para o estudo das práticas eróticas e sexuais orientais (kama-sutras). Disponível em: https://pt.scribd.com/ document/98032337/Ars-Erotica-x-Scientia-. Acesso em: 26 dez. 2018.

WERNECK, Keka. Poliamor: homem e duas mulheres registram em cartório união a 3. *Portal TERRA*, 24 nov. 2015. Disponível em: https://www.terra.com.br/noticias/brasil/ poliamor-homem-e-2-mulheres-registram-em-cartorio-uniao-a-3,2aec7e7abe10835d47cb71 68db8979bf93thm8t1.html. Acesso em: 8 maio 2019.

ZANON, Susana Raquel Bisognin. Poliamor: o não-todo e a inconsistência da lei. *Revista Científica Ciência em Curso*. Palhoça, SC, v. 3, n. 2, p. 167-180, jul./dez. 2014.